❤ INSTANT ENGINEERING ❤
1 페이지 공학

Published in 2020 by Welbeck Publishing Group Limited
20 Mortimer Street
London W1T 3JW
United Kingdom
Text and design © Welbeck Publishing Group 2020
Project Editor: Chris Stone
Designers: Katie Baxendale and Dynamo Limited
All rights reserved.

Korean translation © Youngjin.com 2021

1판 1쇄 2021년 4월 8일
1판 2쇄 2021년 10월 20일

ISBN : 978-89-314-6349-1

발행인 : 김길수
발행처 : ㈜영진닷컴
이메일 : support@youngjin.com
주 소 : (우)08507 서울시 금천구 가산디지털1로 128 STX-V타워 4층 401호
등 록 : 2007. 4. 27. 제16-4189호

STAFF
저자 Joel Levy | **역자** 이경주 | **총괄** 김태경 | **기획** 차바울 | **표지디자인** 김소연 | **내지디자인·편집** 이주은
영업 박준용, 임용수, 김도현 | **마케팅** 이승희, 김근주, 조민영, 김예진, 이은정, 김민지, 채승희 **제작** 황장협
인쇄 예림인쇄

INSTANT
ENGINEERING

1

페이지
공학

저자 Joel Levy / **역자** 이경주

YoungJin.com Y.
영진닷컴

목차

일반 원리

토목공학

교통공학

생체공학

항공우주공학 & 군사공학

전기공학 & 컴퓨터공학

기계공학

서문

공학은 과학적 원칙을 실제적인 목적에 적용하는 것입니다.
지구의 자원을 사용하여 인류에게 필요한 시스템, 프로세스, 구조, 기계의 개발을 뜻합니다.

그러나 공학의 기원은 과학이 아니라, 보다 현실적인 것입니다. 풍부한 개인의 실습 경험과 제작 및 구축, 효과적인 학습을 통해 실용적인 것들을 개발하는 것이었습니다.

공학자, Engineer라는 단어는 창조하다(to create)라는 의미의 라틴어 뿌리에서 파생된 것으로, 독창적인(ingenious)이라는 단어와 같은 뿌리입니다. 공학자는 독창적인 사람들이었고, 다양한 것들을 만들어내며 세계를 변화시켰습니다. 그 대표적인 것이 바로 엔진입니다. 엔진은 주로 전쟁과 관련해 활발하게 사용되었는데, 공학이라는 분야와 그 직업의 기원이 군대이기 때문입니다. 공병(군인 공학자)들은 방어 시설과 방어 시설을 파훼하는 투석기 등의 공격 무기, 그리고 육군의 이동을 위한 도로와 교량과 함대를 만들었습니다. 전쟁에 필요한 다양한 구조물 설계와 제작에 공병들이 투입되면서 얻은 경험들이 토목공학에 발전을 불러왔습니다. 문명의 발달도 함께였습니다.

고대 그리스, 로마, 인도, 중국의 기계역학을 다루는 공학자들은 이론을 불신하는 경향이 있었다고 합니다. 기계역학이 철학적 · 학문적 측면을 가졌음에도, 그 특유의 실용적인 성격 탓에 이론을 추구하지 않았기 때문입니다. 오늘날에는 수학과 과학이 공학의 핵심이지만, 무려 19세기 중반까지도 미국에서는 학교가 아닌 곳에서 학습한 공학자들에게서 이러한 경향을 볼 수 있었다고 합니다.

다른 지역에서는 개념적이고 전문적인 접근 방식으로 기계가 개발되었는데, 바로 군사공학 덕분이었습니다. 이를테면, 화약무기의 출현은 공병들에게 과학적 원리와 수학적 정밀도라는 능력을 요구했습니다.

18세기 초, 프랑스는 대포와 대포를 견디는 요새를 위한 군사공학학교를 설립했고, 도로와 교량과 운하를 건설하기 위한 토목공학학교를 설립했습니다. 영국과 미국의 공학은 산업공정과 기계에 중점을 두며 발전했는데, 점차 전문화되어 가면서 과학적 원리를 적용하는 것을 중요시했습니다.

이어서 기계공학과 농업공학도 군사공학과 토목공학에 준하는 분야로 부상했고, 계속된 진보로 다양한 공학 분야가 추가됐습니다. 전기공학은 19세기에 전신산업으로 인해 등장했으며, 이때 화학공학도 함께 등장했습니다. 20세기에는 원자력, 생물, 우주, 컴퓨터공학이 발전했습니다. 현재도 유전, 지구, 나노공학 등 새로운 분야가 지속적으로 등장하고 있습니다. 오늘날의 공학은 과학과 기술이라는 측면에서 무척이나 탁월한 분야로 일상생활과 세계경제뿐 아니라 지구의 운명에 이르기까지 인류에 가장 큰 영향을 미치고 있습니다.

스티븐 호킹은 저서에 방정식 하나가 추가될 때마다 독자의 수가 절반으로 줄어들 거라는 출판사의 경고를 받았다고 합니다. 이 격언을 염두에 두어 방정식과 수학을 최대한 배제했지만, 수학이 공학의 가장 기본이 되는 언어라는 것을 잊지 말아야 합니다. 공학자의 복잡한 계산 없이는 현대의 공학기술 그 어느 것도 제대로 기능하지 않습니다. 교량은 무너질 것이고, 스마트폰은 울리지 않고, 노트북은 과열되며, 비행기는 날지 못할 겁니다. 이와 관련해서 마찬가지로 과학 원칙도 중요합니다. 이 책으로 필수 개념과 원리를 이해하시길 바랍니다.

내용은 연대순으로 배열되어 있고, 책의 마지막에 각 주제에 대한 연대표를 제공합니다. 과학적이고 기술적인 발견들은 때로 시간이나 사람을 특정할 수 없을 때가 있는데, 공학에서는 더욱이나 잦은 일입니다. 도로나 돔과 같은 발명의 기원을 정확하게 찾는 것은 아직까지 불가능의 영역인데, 많은 측면에서 공학의 개념과 발명들이 인류의 기원까지 거슬러 올라가기 때문입니다. 우리 인류의 가장 큰 특징은 공구의 제작과 사용이라고 할 수 있습니다. '필요에 맞게 환경을 재구성'하는 행위입니다. 바로 이것이 인간을 인간이게 만드는 공학의 핵심 요소이자 역량입니다.

빔

빔은 넓이나 두께보다 길이가 긴 구조물의 기본적인 요소 중 하나로
양쪽 끝부분으로 하중을 지지하도록 설계되었습니다.

위에서 가해지는 힘

하중은 중력으로 인해 대부분 수직 방향으로 힘을 가합니다. 이러한 힘이 빔 내에서 **압축력**과 **전단력**, **인장력**을 생성합니다.

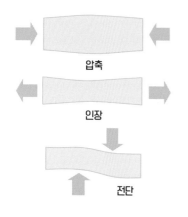

압축

인장

전단

재료의 구성

건설에 사용되는 빔을 과거에는 오크 나무 통을 정사각형으로 깎아 만들었고, 오늘날엔 강철이나 철근 콘크리트로 만듭니다.

내부의 힘(내력)

내력은 빔에 힘을 만들어 형태를 변화시킵니다.

빔의 종류

수직력과 수평력이 가해질 때는 **사각 단면 빔**이 가장 좋습니다.

모든 방향에서 힘이 가해질 때는 **튜브형의 빔**이 가장 튼튼합니다.

수직력이 가해질 때는 I빔, 수평력이 가해질 때는 H빔이 좋습니다.

수천 년 동안 물건을 계량해 온 **저울**에도 빔이 사용됐습니다.

초기의 증기기관인 **빔 엔진**은 중간에 힌지가 연결된 형태로, 피스톤에서 반대쪽으로 힘을 전달합니다.

생명공학

생물학과 공학의 교차점에는 생체공학이라고도 알려진 생명공학이 있습니다.
이 공학은 스포츠과학부터 농업, 의류, 제약에 이르기까지 다양한 것들을 다룹니다.

연대표

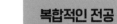

- **기원전 11,000년 경** 선사시대에 맥주를 양조하기 위한 생물학적 발효 시스템을 설계하기 시작함

- **기원전 950년 경** 인공 보철 발가락이 고대 이집트 미라와 함께 묻힘

- **기원전 700년 경** 에트루리아인이 사람의 치아와 동물의 이빨로 가짜 치아를 만듦

- **서기 1000년 경** 중세 유럽에서 산업적 규모로 대청(겨자과의 두해살이 풀)에서 푸른 염료를 추출함

- **1885년** 독일에서 인공심폐장치 시제품을 개발함

- **1941년** 스위스의 공학자인 게오르그 데 메스트랄(1907~1990)은 개와 함께 산책을 하다가 털에 엉겅퀴가 들러붙은 것을 보고 **벨크로**에 대한 영감을 얻음

- **1943년** 최초의 신장 투석기 등장

- **1954년** 영국의 과학자인 하인츠 볼프(1928~2017)가 **생명공학**이라는 단어를 영국 국립의학연구소에 등재함

- **1958년** 최초의 이식형 인공심장박동기 등장

- **1959년** 신경과 전문의인 윌리엄 올덴도르프(1925~1992)는 과일을 분류하는 기계를 관찰하다 컴퓨터 단층 촬영기기인 엑스레이 스캐너에 대한 아이디어를 얻음

- **1963년** 런던의 임페리얼 칼리지에 의학공학실험실이 설립됨

- **1966년** 캘리포니아 대학교에 생물공학 프로그램이 신설됨

- **1972년** 한 유기체에서 다른 유기체로 DNA를 옮기는 유전공학의 첫 사례 등장

- **1985년** 미세공학을 이용하여 대중적인 임신 테스트기인 **클리어블루**를 만들어 냄

- **1997년** 사람 귀 모양의 자라는 조직을 쥐의 등에 이식한 바칸티 마우스를 만들어 냄

- **2012년** 휴대용 진단 기술의 발전을 촉진하기 위해 트라이코더 엑스프라이즈(질병을 진단하는 휴대용 의료기기 개발 공모전)를 개최함

- **2017년** 존스홉킨스 병원에서 생각으로 조종할 수 있는 바이오닉 암을 개발함

- **2019년** 일리노이스 대학교의 연구원들이 인공 잎을 만듦

복합적인 전공

생명공학을 전공하는 학생들은 생물학과 공학의 기초를 공부하면서, **전기와 기계공학, 컴퓨터공학, 재료과학, 화학, 핵 물리학, 생화학, 유전학, 미생물학, 농학, 스포츠과학,** 그리고 **의학**을 공부합니다.

생체모방

10억 년 동안 일어난 셀 수 없이 많은 생물체의 진화 속에 현대의 많은 문제들을 해결할 수 있는 우수한 공학적 해결책이 있습니다.

자연공학에서 영감을 얻는 것을 생체모방공학이라고 합니다. 1940년대의 고정장치인 벨크로의 발명이 대표적인 예입니다.

기둥

표면 위 구조물의 무게를 압축하여 표면 아래로 전달하는 수직 지지대입니다.
건설 환경에서 아주 많이 사용하는 압축재입니다.

기둥의 종류

돌 기둥

하나의 돌로도 구성될 수 있습니다.

높은 **기둥**을 하나의 돌로는 만들 수 없어서 중앙에 구멍을 내어 돌이나 금속 판을 덧붙여 만들었습니다. 런던에 있는 **넬슨 기념비**는 화강암으로 만들어졌습니다.

돌기둥은 보통 원통형 축을 가졌으며 윗부분은 머리 기둥을 받치고 아랫부분에는 받침대가 있습니다.

서기 70~80년 사이에 만들어진 로마의 **콜로세움**은 돌기둥이 주된 재료입니다.

응력을 받는 기둥

기둥의 파손은 대부분 지진으로 인한 것으로 구부러지거나 비틀리며 발생합니다. 기둥이 망가지면 당연하게도 지지하고 있는 건물이 무너질 수 있습니다.

기둥의 내진 설계를 위해 직사각형 콘크리트 구조물에 수직 철근보강대와 수평 철사를 함께 사용합니다.

강철, 콘크리트, 벽돌

현대에는 기둥을 강철. 콘크리트. 벽돌로 만듭니다.

작은 금속이나 나무 지지대도 **기둥**이라고 부르며 직사각형 단면이 있는 것은 **교각**이라고 부릅니다.

제어이론

대부분의 역학적인 시스템에는 제어가 필요합니다.
자전거는 내리막을 내려갈 때의 사고 예방을 위한 브레이크 장치가 필요하죠.

현대의 제어 시스템

켜짐　　　꺼짐

개회로

자동 제어의 가장 간단한 형태는 개회로 (오픈-루프) 시스템입니다. 중앙 난방 시스템이 건물의 **온도**와는 상관없이 오전 8시부터 10시까지 작동하도록 프로그램할 수 있습니다.

폐회로

폐회로 시스템은 **피드백**을 통한 **자동 조절**이 가능합니다. 설정된 온도보다 실내가 **차가우면 시스템을 켜고**, 설정 온도까지 도달하면 다시 꺼도록 중앙 난방 시스템을 제어할 수 있습니다.

물시계

가장 초기의 제어 시스템 중 하나로 기원전 250년경에 **크테시비우스**(고대 그리스의 발명가이자 수학자, BC. 285~BC. 222)가 설계한 **클렙시드라**(고대 그리스의 물시계)가 있습니다. 한 그릇에서 다른 그릇으로 물이 **떨어지면**, 그 물의 깊이로 **눈금이나 다이얼**의 시간으로 나타냈습니다. 꾸준한 유출량을 유지하기 위해 **위쪽 그릇**이 항상 가득 차 있도록 했습니다. 수백 년 동안 가장 **정확한** 시계였습니다.

원심조속기

1775년경 제임스 와트는 증기기관의 속도를 일정하게 유지할 수 있도록 조절하는 원심조속기를 발명해 증기기관의 발전에 크게 공헌했습니다. 원심력을 이용하여 회전운동을 쉽게 제어하는 장치입니다.

1868년, 수학자 **제임스 클러크 맥스웰**(1831~1879)이 원심조속기의 불안정성과 늦은 반응 속도를 수학적으로 설명하면서부터 **제어이론은** 대체로 **수학적**이 되었습니다.

항공기 관제(제어)

1903년에 라이트 형제가 성공한 비행은 항공기의 **양력과 안정성만**을 제어하는데 성공한 결과입니다. 이후로 항공기에 여러 제어 시스템이 추가되면서 현대에는 매우 복잡하고 정교해졌습니다.

탄성

탄성은 힘에 의해 변형이 발생한 물체가 원래의 모양으로 되돌아가려는 성질을 말합니다.
공학자는 자신이 사용할 재료의 탄성에 대해 알아야만 응력을 받을 때의 물체의 변화를 계산할 수 있습니다.

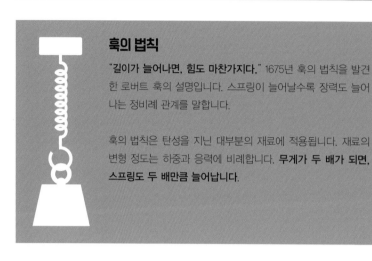

훅의 법칙

"길이가 늘어나면, 힘도 마찬가지다." 1675년 훅의 법칙을 발견한 로버트 훅의 설명입니다. 스프링이 늘어날수록 장력도 늘어나는 정비례 관계를 말합니다.

훅의 법칙은 탄성을 지닌 대부분의 재료에 적용됩니다. 재료의 변형 정도는 하중과 응력에 비례합니다. **무게가 두 배가 되면, 스프링도 두 배만큼 늘어납니다.**

변형

대부분의 **단단한 재료**는 **항복점**(탄성 한계를 넘어 되돌아가지 못하는 점)에 도달할 때까지 지속적으로 변형됩니다.

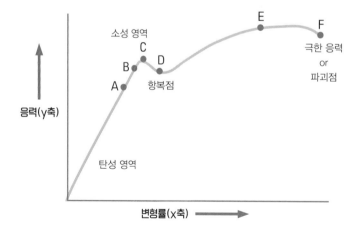

응력(y축)

소성 영역

C

B

D

A

항복점

E

F

극한 응력
or
파괴점

탄성 영역

변형률(x축)

항복점을 넘어서 **소성변형이 진행되면** 원래의 형태로 돌아갈 수 없습니다.

여러 재료의 탄성

금속에 응력이 작용하면 **원자격자의 위치**가 약간 바뀌게 되는데, 응력이 **제거되면 다시 원래의 위치로 되돌아갑니다.**

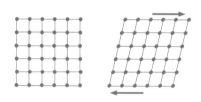

고무에 응력이 작용하면 **긴 중합체분자들**이 늘어납니다. 고무나 고무와 유사성질을 가진 물질인 탄성중합체는 금속보다 더 많이 늘어나고 더 많이 구부러집니다.

가공경화

가공경화로 대부분의 금속과 플라스틱을 강화할 수 있습니다. 일부 플라스틱은 원자 구조가 변화되면서 탄성 한계가 확장되기도 합니다.

창발

창발이란 하위 계층의 요소에서는 없거나 드러나지 않았던 속성이
상위 계층의 전체 구조에서 출현하는 현상을 말합니다.
즉, '전체'는 '부분들의 통합'에서는 예측할 수 없는 방식으로 행동할 수 있다는 것입니다.

시스템공학

요소들이 하나의 시스템으로 상호작용할 수 있도록 결합하는 학문인 **시스템공학** 분야에서 **창발**은 매우 중요한 원리입니다. 엔진도 시스템의 일종이며 연구부서, 공장의 조립 라인, 전력망, 바다로 돌출된 부두도 마찬가지입니다.

시스템의 요소들

시스템

창발의 종류

간단한, 약한, 강한 세 종류의 창발이 있습니다.

간단한 창발(시너지)은 시스템 요소들이 합쳐져 나타나는 효과로, 요소들이 함께하지 않으면 나타나지 않습니다. **어느 정도 예측이 가능한 창발입니다.**

$$A + B = C \checkmark$$

약한 창발은 발생할 것이라 예측할 수는 있지만, 요소들의 합만으로는 **그 이상의 효과를 예측할 수 없는 창발입니다.**

$$A + B = C \times ?$$

강한 창발은 미리 예측할 수 없는, **시스템**을 가동해야만 알 수 있는 창발입니다.

$$A + B = ?$$

창발의 예

항공기의 비행은 간단한 창발의 예입니다. 날개뿐만 아니라, **모든 요소들이 개별로는 날 수 없지만 비행이라는 시스템으로써 날 수 있습니다.**

강한 창발의 예로는 런던의 밀레니엄 브릿지가 있습니다. 다리의 안전성을 위해 **작은 진동에도 흔들림이 발생할 수밖에 없도록 설계**했는데, 실제로 건설되자 예기치 않은 피드백 루프로 인해 **심한 흔들림이 발생**했습니다.

인공지능 분야에 종사하는 공학자들은 지능이 복잡한 신경망들의 창발임이 증명되기를 바라고 있습니다.

에너지

에너지는 일을 할 수 있는 능력입니다.
공학 프로젝트에는 차량의 동력 전달 장치나 교량의 열팽창 등 에너지 전달과 관련한 숙련도가 필수입니다.

작동하는 에너지

물레바퀴 꼭대기에 있는 물은 위치 에너지를 보유하고 있는데, 중력에 따라 물이 아래로 떨어지면서 **물레바퀴를 회전**시켜 동력을 만들어냅니다.

바람은 **운동에너지**를 가지고 있는데, 공기가 움직이기 때문입니다. 풍력 발전용 터빈 또는 풍차의 날개를 돌아가게 하여 에너지를 동력으로 변환시킵니다.

에너지가 다른 형태로 변환될 때는 **언제나 약간의 열이 발생합니다.** 1798년에 벤자민 톰슨(1753~1814)은 대포의 포신을 만드는 구멍을 뚫을 때, 불을 사용하지 않고도 물이 끓을 만큼의 열이 발생한다는 것을 발견했습니다.

루돌프 클라우지우스(1822~1888)

1850년에 루돌프 클라우지우스는 어떤 변화에도 에너지를 얻거나 잃을 수 없으며, 일부가 열로 변환되더라도 **총 에너지의 양은 그대로 유지된다**는 것을 알아냈습니다. 이것이 바로 **열역학 제1의 법칙**입니다.

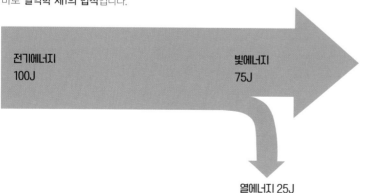

전기에너지
100J

빛에너지
75J

열에너지 25J

제임스 프레스콧 줄 (1818~1889)

1843년에 영국의 과학자 제임스 프레스콧 줄은 특정한 양의 역학에너지가 정확한 양의 열로 변환될 수 있다는 이론을 증명하기 위해 실험을 했습니다.

낙하하는 물체의 무게로 물이 담긴 비커 내의 패들을 움직이게 하여, 패들의 움직임을 늦추는 마찰이 물을 데우도록 했습니다. 에너지 단위인 줄은 그의 이름을 따서 명명되었습니다.

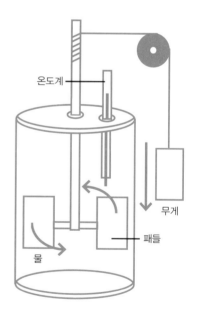

온도계

무게

패들

물

1줄은 **1뉴턴**의 무게(**예** 작은 사과 하나)를 **1m**만큼 들어올렸을 때 **소모되는 에너지** 혹은 작업량을 뜻합니다.

유한요소해석(FEA: Finite Elements Analysis)

복잡한 형상이나 구조를 여러 개의 작은 단위(유한 요소들)로 쪼개어 수학적으로 쉽게 설명하고,
이 요소들에 대한 계산을 연결하여 전체의 수학적 설명을 완성하는 기술입니다.

왜 FEA를 사용하나요?

수학은 구조나 물체의 물리적 특성을 계산하고, 하중이나 응력으로 인해 어떻게 변화하는지 연구하는 공학자들에게 유용한 도구입니다. 그러나 복잡한 모양과 구조를 갖는 유체역학처럼 복잡한 것들은 수학으로 풀어내기에 굉장히 어려우므로 단순화하거나 다른 방법을 사용해서 해결해야 할 때가 있습니다.

그 방법 중 하나로 유한요소법(FEM: Finite Elements Method)이 있습니다. 형상과 구조의 물리적 특성과 반응에 대해 컴퓨터 분석이 가능하도록 개발되었으며, 특히 시뮬레이션 소프트웨어에 사용됩니다. 유한요소법을 사용하는 기술이 유한요소해석입니다.

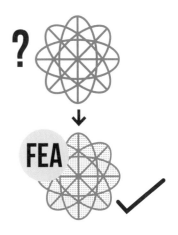

FEA의 기본 단계

형상이나 구조를 요소 또는 분리된 유닛으로 나눈 후, 노드라고 불리는 교점에 연결합니다. 요소와 노드가 완전히 결합한 것을 메쉬라고 부릅니다.
각 요소에는 그 속성을 기술하는 방정식이 명시되어 있으며, 이 수식들이 노드에 연결되어 전체 메쉬(대략적이나마)를 설명할 수 있는 해결책인 동시 대수 방정식을 만들어냅니다.
이 메쉬를 사용하여 컴퓨터 프로그램으로 구조의 특성과 반응을 시뮬레이션할 수 있습니다. 예를 들면, 하중을 견디는 기둥의 위치별 압축 응력 값을 알 수 있습니다.

FEA의 종류

FEA 모델링은 세 가지 종류의 분석에 사용됩니다.

정적 해석 : 일정하게 유지되는 변수의 모델링
例 교량의 베어링 패드에 대한 모델링

동적 해석 : 동적 하중을 받는 구조물의 동적 반응 분석
例 인간 두개골 표면에 대한 충격 모델링

모달 해석 : 진동에 대한 반응 시뮬레이션
例 시동하는 엔진

지구공학

지구공학은 온실 가스를 줄이는 등의 지구 온난화를 방지하기 위한 학문분야로
대규모 및 행성 규모의 개입이 행해집니다. 지구공학에는 두 개의 주요한 범주로 태양과 탄소가 있습니다.

태양열 지구공학

태양복사조절(Solar Radiation Management)이라고도 알려진 이 분야는 대기, 육지, 해양으로 유입되는 **태양복사 에너지의 양**을 줄이기 위한 전략을 다룹니다. 그 목적은 **온실 가스**와 관련된 현상(얼음덩어리 감소 등)으로 인한 **온난화 영향**에 대응하는 것입니다.

 성층권 에어로졸 : 태양 빛을 우주로 반사하기 위해 대기권 상층부에 작고 반사적인 입자들을 도입하여 화산 겨울*의 효과를 모방하는 것

 우주 파라솔 : 햇빛 가리개나 거울을 궤도에 올려놓아 태양 빛이 대기에 도달하기 전에 차단하는 것

 알베도 증대 : 지표면 또는 구름의 반사율을 높여 우주로 반사되는 태양복사의 비율을 증가시키는 것

글로벌 프랑켄슈타인

지구공학에는 많은 반론이 존재합니다. 마치 프랑켄슈타인처럼 의도하지 않은 결과가 나타나는 걸 원치 않기 때문입니다. 비평가들은 생물권의 인공적 붕괴에 대응하는 방법으로 다른 붕괴를 선택해서는 안 된다고 주장합니다.

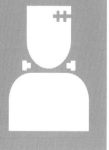

탄소 지구공학

온실 가스 제거(혹은 이산화탄소 제거)라고도 알려진 이 분야는 **이산화탄소**와 같은 온실 가스를 대기 중에서 없애거나 아예 대기 중으로 들어오는 것을 막는 기술을 포함하고 있습니다.

- **주변 공기 포집** : 거대한 '세척' 기계를 사용하여 대기 중에서 온실 가스를 직접 거둬들여 어떠한 형태로 가스를 저장하는 방법

- **바다 비옥화** : 바다에 영양분을 주입해서 대량의 플랑크톤과 수생 미생물들이 자라게 하여 대기 중의 이산화탄소를 흡수시켜 줄이는 방법

- **조림(인공 숲 가꾸기)** : 글로벌 규모로 나무를 심어 삼림 형태의 이산화탄소 흡수계를 만드는 방법

- **강화된 풍화작용** : 방대한 양의 미네랄을 대기에 노출시켜 이산화탄소와 화학반응을 하게하여 탄산염 암석을 생성하는 방법

- **바다에 알칼리성 추가** : 석회석 등 알칼리성 미네랄을 바다에 대량으로 넣어 이산화탄소와 반응하는 탄산염을 생성하여 바다 산화를 방지하는 방법

- **탄소 포집 및 격리** : 에너지 생산 및 산업 공정에서 배출되는 온실 가스를 포착해 대기권에 진입하기 전에 가두는 방법이나, 특별히 만든 바이오매스를 연소시켜 에너지가 생성되는 경우에만 지구 탄소를 줄일 수 있다.

- **바이오 숯** : 바이오매스를 태워서 숯을 만들어 묻어버리는 방법으로, 부패하거나 탄소가 배출되는 것을 막을 수 있다.

★ **화산 겨울** : 큰 규모의 화산 폭발로 인해 만들어진 화산재나 부산물이 태양을 가려 지구의 온도가 낮아지는 현상

정보이론

정보이론은 정보를 가장 효과적인 방법으로 코드화하고 송신하고자 하는 수학의 한 분야입니다.

샤논의 비트

1948년, 클라우드 샤논은 "통신의 수학적 이론" 논문에서 한 아이디어를 제안했습니다.

이 아이디어는 2진수(비트)로 코드화가 가능한 전화 신호와 텍스트, 전파, 사진과 같은 모든 유형의 **통신수단을 통일**하였습니다.

```
00010010 00010010 00010010
10100110 110100110 1101001101
00010010 00010010 00010010
11100100 1111001001 111001001
00010010 00010010 00010010
```

샤논은 정보를 절대적인 정확도로 정량화하는 방법을 보여주며, 모든 정보 매체가 본질적으로 통합되어 있음을 설명했습니다.

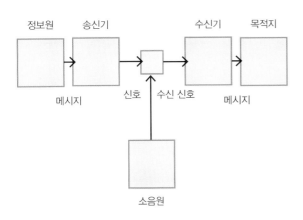

모든 통신 시스템에는 공통된 단점이 있다고도 설명했습니다. 송신 중에 노이즈가 추가될 수 있다는 것입니다.

정보 엔트로피

메시지 내의 불확실성을 측정하는 개념을 말합니다.

잡음 섞인 통신로로 메시지를 보내면 내용에 오류가 발생할 수 있습니다. 잡음에도 불구하고 수신자가 오류 없이 **정확한 메시지를 재구성**할 수 있게 하는 것이 목표입니다.

정보이론에서는 무손실 데이터 압축(예 ZIP 파일)과 손실 데이터 압축(예 MP3 및 JPEGs) 기술로 이어집니다.

획기적인 발명품

정보이론은 우주로 향했던 보이저호의 임무 완수, 콤팩트디스크의 발명, 휴대전화의 도입, 인터넷 발전에 필수적이었습니다.

속도 제한

모든 통신 채널에는 초당 비트 단위로 측정되는 속도 제한인 샤논 한계치가 있습니다.

이 제한치 이하에서는 메시지에 오류가 없고, 초과하려고 하면 오류가 발생합니다.

열

열은 가장 유용하지 않은 에너지 형태입니다(18페이지 참조).
유용한 에너지 형태로 변환시키기 어렵고 비효율적이기 때문입니다.

정의 열은 사실 원자나 분자의 빠른 움직임입니다.

초기의 이론

18세기에는 열을 뜨거운 물체에서 차가운 물체로 흐르는 '열소'라는 액체라고 생각했습니다. 뜨거운 돌을 물 양동이에 집어넣으면, 열소가 돌에서부터 물로 흘러 물이 따듯해진다고 생각한 것입니다.

1798년, 벤자민 톰슨은 철 대포의 포신을 위한 구멍을 만들 때 열이 발생하며, 날카로운 천공기*보다 무딘 천공기를 사용하면 더 많은 열이 발생한다는 사실을 발견했습니다. 작업 전에 천공기나 포신에는 열소가 없는 상태였습니다. 그럼 열은 어디에서 온 거였을까요?

★ 천공기 : 드릴처럼 구멍을 가공하는 기계

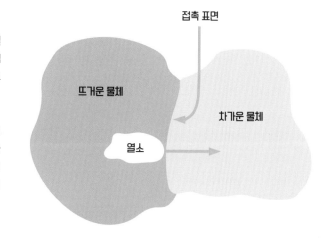

접촉 표면

뜨거운 물체

차가운 물체

열소

마찰

제임스 프레스콧 줄은 열이 마찰에서 비롯된다고 생각했고, 이를 뒷받침하는 많은 사례를 언급했습니다. 많은 조롱을 받다가 마침내 위대한 물리학자인 켈빈 경에게서 동의를 얻어냈습니다.

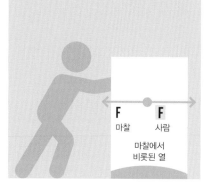

F   F
마찰   사람

마찰에서
비롯된 열

에너지 낭비?

열은 보통 에너지를 낭비할 뿐이지만, 스털링 엔진(168 페이지 참조)이나 발전소(138 페이지 참조)를 통해 보다 유용한 형태로 변환되기도 합니다.

잠열과 현열

줄은 1847년의 강의 "물질, 생명력, 그리고 열(On Matter, Living Force, and Heat)"에서 잠열과 현열이라는 단어를 열의 구성 요소로써 식별하였는데, 이들은 각기 다른 물리적 현상에 영향을 줍니다. 잠열은 물질의 형태가 변화할 때 필요한 열량이며 현열은 물질의 온도 변화에 필요한 열량입니다.

얼음   잠열   물   잠열   증기

레오나르도 다 빈치

이탈리아 플로렌스 근처의 빈치라는 마을에서 혼외 아들로 태어났습니다.
이탈리아의 화가이자 공학자입니다.

 생애 1452년 4월 15일 ~ 1519년 5월 2일

예술

모나리자 및 많은 유명한 작품을 그렸습니다.

사람과 동물의 해부도를 아름답게 그렸으며, 거울형 글쓰기*로 많은 노트를 작성했습니다.

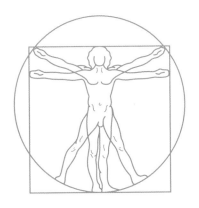

새와 날개, 그리고 새가 어떻게 나는지에 대한 스케치를 많이 그렸습니다.

발명품

공상적인 기술적 삽화를 그리는데 특별한 재능이 있었던 레오나르도 다 빈치는 현존하던 기계뿐만 아니라 비행하는 기계를 그리기도 했습니다. 그의 죽음 후 250년이 지나서야 비행기가 만들어졌습니다.

레오나르도는 공학자였습니다. 베네치아의 수성을 위해 바리케이드를 건설하기도 했고, 1502년에는 콘스탄티노플을 위한 220m의 다리 스케치를 그리기도 했습니다. 그의 스케치 대부분이 아이디어에 그치긴 했지만, 사물들이 작동하는 방법과 미래에는 어떻게 작동할지에 관해 공학적으로 탁월한 비전을 갖고 있었습니다.

레오나르도는 상용화되기 수 세기 전에 이미 자전거와 낙하산을 설계했으며, 도르래와 케이블로 움직이는 로봇 기사, 악기, 유압 펌프, 역회전식 크랭크 매커니즘, 박격포, 증기 대포, 거대한 석궁 등을 설계했습니다.

유럽 르네상스

★ 거울형 글쓰기 : 글을 쓸 때 오른쪽에서 왼쪽으로, 글자를 좌우로 뒤집어 써서, 거울에 비춰 보아야 제대로 보이는 필기 형태

지레(지렛대)

지레는 힘을 증폭시켜 일을 할 수 있게 하는 장치로,
더 먼 거리 상에 가해지는 힘을 더 짧은 거리에 걸쳐 작용하도록 집중시킵니다.
고대 그리스의 수학자이자 공학자인 아르키메데스가 지레의 법칙을 발견했습니다.

지레의 법칙

대수학 용어에서 지레의 법칙은 한쪽의 **받침점으로부터의 거리**에 힘을 곱한 값이 다른 쪽의 양과 동일하다고 명시합니다.

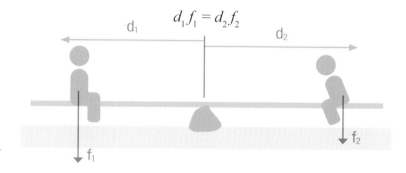

$$d_1 f_1 = d_2 f_2$$

- **2천만 년 전** 영장류가 막대기를 힘 증폭기로 사용함
- **기원전 5000년경** 고대 이집트에서는 무게를 재기 위해 저울을 사용함
- **기원전 200년경** 아르키메데스가 지레의 법칙을 증명함
- **기원후 1400년경** 르네상스 과학자들이 여섯 가지 기본 유형의 기계를 정의함 : 지렛대, 바퀴, 경사면, 나사, 쐐기, 도르래

예상치 못한 장소의 지레

지레는 전 세계에 여러 모습으로 존재합니다. 다양한 장치들에 **지레의 법칙**이 적용되어 있죠. 가위, 병따개, 호두까기 기계, 펜치, 가지치기용 양손가위, 볼트 절단기, 쇠지렛대, 렌치, 장도리, 시소, 저울, 라켓, 방망이, 그리고 손수레가 그렇습니다.

지레의 구성 요소

지레는 아래의 네 가지 요소로 구성되어 있습니다.

- **보(beam)** : 받침점을 중심으로 회전하거나 움직일 수 있는 구조적인 요소
- **힘점** : 사람이나 기계가 지레에 힘을 가하는 지점
- **받침점** : 지레의 막대가 회전하거나 고정하는 지점
- **작용점** : 지레에 의해 힘이 작용하는 지점

지레의 종류

지레는 **힘점, 받침점, 작용점**의 상대적 위치에 따라서 **세 가지**로 구분됩니다.

1종 지레 : 힘점과 **작용점**이 받침점을 사이에 두고 **반대편에** 있음 ㉠ **가위, 펜치**

2종 지레 : 힘점과 **작용점**이 받침점과 같은 편에 있으며, 힘점은 멀리 떨어져 있음 ㉠ **손수레, 호두까기 기계**

3종 지레 : 힘점과 **작용점**이 받침점과 같은 편에 있으나, 힘점이 작용점과 받침점 사이에 위치함 ㉠ **핀셋, 야구방망이**

역학

공학역학은 물리학의 한 분야입니다.
재료, 구성 요소, 구조가 작용하는 힘에 반응하는 방식과 같은 실제 사례에 역학을 적용합니다.

공학 VS 고전역학

역학은 물리의 근본적인 분야로, 고전 물리학(상대성 또는 양자역학의 범위에 속하지 않는 물리학)에서의 **운동이나 평형 상태를 다루는 과학의 한 종류**입니다. 고전역학은 뉴턴의 운동 법칙에 의존합니다. 응용역학은 고전역학이 실생활에 접목하는 것을 말합니다. 응용역학은 정역학과 동역학, 이 두 가지 범주로 세분화됩니다.

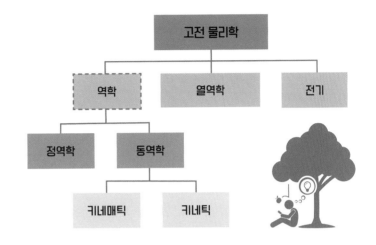

정역학

물체가 정적 평형 상태(모든 힘이 서로 균형을 이루는 상태)**에 있을 때의 분석과 관련한 역학의 한 분야입니다.**
뉴턴의 운동 제2법칙에 따르면 힘 = 무게 × 가속도입니다. 정역학은 **가속도가 0일 때**의 상황을 다루므로 물체의 합력 역시 0이어야 합니다.

동역학

물체가 정적인 상태가 아닐 때(즉, 합력이 0이 아닐 때)**의 분석과 관련한 역학의 한 분야입니다.**
키네매틱(운동에 필요한 힘과 관련 없는 동적인 물체의 분석)과 **키네틱**(움직이는 힘에 관련된 동적인 물체의 분석)으로 나뉩니다.

자유물체도

정역학에서 공학자들에게 아주 중요한 도구입니다. **물체가 움직이지 않는 상태**(가속도의 영향이 없는 상태)**일 때 작용하는 모든 힘을 보여주는 그림입니다.** 이 모든 힘은 **서로 상쇄됩니다.**

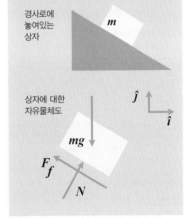

경사로에 놓여있는 상자

상자에 대한 자유물체도

유체역학

역학에는 다른 분야들도 있습니다. **양자역학**은 공학의 범위 밖이지만, **상대운동** 상태의 유체와 물체의 과학인 **유체역학** 같은 분야는 공학에 매우 중요합니다.

나노기술

나노기술은 원자 또는 분자 규모의 공학입니다.
나노미터는 10억분의 1m입니다(1nm = 10^{-9}m). 매우 작습니다.

1980년대의 연구

1981년에 **게르트 비니히**와 **하인리히 로러**가 **주사형 터널링 현미경**을 발명함으로써, 과학자들은 실제 **원자**와 **그 결합**을 볼 수 있게 되었고, 개별 원자를 다룰 수 있게 되었습니다.

1985년에 **해리 크로토**, **리차드 스몰리**, 그리고 **로버트 컬**은 놀라운 분자인 **C_{60}**을 발견했는데, 60개의 탄소 원자가 축구공 모양으로 배열되어 있는 분자입니다.

이 분자를 버크민스터풀러렌(버키볼 또는 풀러렌으로 줄여 부름)이라고 불렀는데, 건축가인 버크민스터 풀러*의 건축물과 유사하게 생겼기 때문이었습니다.

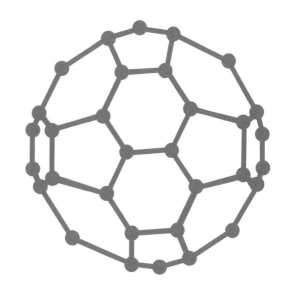

★ **버크민스터 풀러** : 주로 육각형과 오각형 면을 바탕으로 하는 다면체 돔을 그린 건축가이며 유명한 건축물로는 지오데식 돔이 있다.

일상에서의 나노입자

은 나노입자는 **살균성**을 가지고 있어 **도마 표면**에 사용되고, 인텔에서는 나노리소그래피로 **마이크로프로세서**를 만듭니다.

이산화티타늄 나노입자는 **자외선 차단제**에 사용되며, 유리에도 첨가되어 **먼지가 표면에 붙지 않도록** 하는 **자동 세척 기능**을 수행합니다.

현재와 미래의 연구

나노기술은 매우 흥미로우며 빠르게 확장되고 있는 연구 분야입니다. 과학자들은 복잡한 화학 구조가 자동으로 합성될 수 있도록 하는 **분자 자가조립**을 실험 중입니다. 마틴 버크가 **분자 3D 프린터**를 개발했습니다.

풀러렌

풀러렌은 나노라고 하기에는 너무 큰 분자이지만, 그 파생물인 탄소 나노튜브(CNTs)는 직경이 1nm이며 길이는 100nm에서 0.5m입니다. 이들은 매우 튼튼하여 **보트의 선체**나 **자동차 부품**, **스포츠 용품**, **얼룩 방지 섬유** 및 기타 다른 많은 곳에서 사용됩니다.

그래핀

그래핀(탄소 원자 1개 두께의 얇은 막)은 플라스틱을 더 강하고 열 전도성 있게 만듭니다. 전자 및 광자 회로, 트랜지스터, 태양 전지 등에 사용됩니다.

재생에너지

무한하며 지속적으로 재생되는 자원에서 얻는 에너지입니다.
비용 효율적이며 의존할 수 있는 충분한 양의 재생에너지를 개발하는 것이
현시대의 가장 큰 공학 과제 중 하나입니다.

- 기원전 3500년경 바람을 에너지로 이용하여 항해 보트를 몰다
- 기원전 400년 물레방아에 관한 최초의 서면 기록
- 기원전 3세기 그리스인과 로마인이 집광 거울을 사용해서 태양광으로 횃불을 켬
- 기원후 1세기 알렉산드리아의 헤론이 풍력 기계에 관해 설명함
- 644년 최초의 풍차에 관한 기록 (페르시아)
- 1839년 에드먼드 베크렐이 광기전력효과(반도체에 빛을 쪼일 때 기전력이 생기는 효과)를 발견함
- 1879년 나이아가라 폭포에 최초의 수력발전소 건설
- 1888년 풍력 터빈 건설
- 1904년 이탈리아 라데렐로에 최초의 지열발전소 건설
- 1954년 최초의 실리콘 광전지 발명
- 1966년 프랑스 브리타뉴의 랑스에 최초의 조력발전소 건설
- 2000년 스코틀랜드 아일레이섬에 최초의 상업용 파동에너지 시스템 건설

재생에너지의 종류

전부는 아니지만, 대부분의 재생에너지원은 **태양**으로부터 옵니다.

- **태양에너지** : 태양전지판으로 태양복사열을 받아 전기를 생산하거나 전기를 생성할 수 있는 열을 생산한다.
- **풍력에너지** : 해상 또는 육상 풍력 터빈의 날개로 풍력에너지를 운동에너지로 변환하여 발전기에 전력을 공급한다.
- **수력에너지** : 태양복사열이 물 순환을 주도하여, 낙하하는 물이 터빈을 회전시키는 수력으로 전기를 생성한다.
- **해양에너지** : 파력은 바람으로부터, 조력은 태양과 달의 중력효과로, 해양온도차는 태양의 온기와 해류로 인해 만들어집니다. 해류는 다른 에너지원으로부터 온다.
- **지열에너지** : 궁극적으로는 방사성 원소의 붕괴로 얻어지며 열을 직접 얻거나 터빈을 돌릴 수 있는 증기를 만들어낸다.
- **바이오매스** : 자연적인 공정으로 태양복사열을 화학에너지로 변환하면, 연소하거나 바이오 연료로 전환할 수 있는 바이오매스 형태의 재생 가능한 자원을 만들 수 있다.

저장의 문제

재생에너지 관련한 중요 공학 과제 중 하나는 바람이 불거나 태양이 비치는 장소 및 시기와 관계없이 필요할 때 언제나 사용할 수 있도록 하는 저장의 문제입니다.

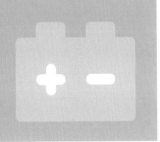

위험

모든 공학 프로젝트에는 위험 요소가 있습니다.
공학자의 임무는 발생할 수 있는 모든 위험을 확인하고, 그 대응을 설계에 포함하는 것입니다.

위험의 예

단순한 위험 : 망치를 휘두를 때. 못 대신에 엄지손가락을 칠 수 있습니다.

심각한 위험 : 건물을 설계할 때. 강력한 지진에도 견딜 수 있도록 충분히 고려하여 계산하지 않았을 수 있습니다.

후쿠시마

2011년 3월 11일, 전례 없는 **쓰나미**가 일본 후쿠시마현의 **9미터나 되는 방조제**를 넘어 **원자로**를 덮쳐 무너뜨려 많은 양의 **방사성물질**을 누출시켰습니다.

방사능 누출로 인한 즉각적인 인명 피해는 없었으나, **익사** 또는 쓰나미와 연관된 다른 사고로 **2만여 명이 사망**했습니다. 방조제의 높이는 매우 높았는데, **더 높게 지었어야 했을까요?** 방사능 누출보다도 더 위험한 문제를 가져온 쓰나미였습니다.

교량

1879년 12월 28일, 스코틀랜드의 태이 브릿지가 돌풍 속에서 건너던 기차 때문에 무너지면서 75명의 사망자를 냈습니다. 공학자인 토마스 바우쉬 경이 잘못된 풍압 정보를 받았던 것으로 밝혀졌으며, 다리에 사용된 주철 또한 표준 이하였던 것으로 드러났습니다.

이후 교량 및 유사 구조물들은 예상 하중보다 과도한 하중을 버틸 수 있도록 설계됩니다.

자동차 여행

대부분은 위험에 대한 판단력이 부족합니다. 자동차를 운전해 여행하는 것이 비행기로 여행하는 것보다 훨씬 위험하지만, 자동차는 자신이 직접 제어할 수 있기 때문에 비행기보다 안전하다고 생각합니다. 미국에서만 매년 약 **35,000명의 사람들이 자동차 사고로 사망**하는 반면에, 비행기 사고로는 전 세계적으로 평균 **1,000명 미만이 사망**합니다.

토질역학

토목공학 구조물은 대개 토양 위에 놓이므로 토양도 구조물의 중요한 구성 요소 중 하나입니다.
따라서 토양과 토양에 작용하는 힘에 관해 이해하는 것은 필수적입니다.

여섯 가지 특성

토질역학에서는 토양의 여섯 가지 특성에 집중합니다.

- **마찰력** : '흙 한 덩이는 얼만큼의 미끄러짐 저항력을 가졌는가?' 물이 많을수록 마찰이 적어지므로, 물이 많이 함유되어 있는 점토는 모래나 자갈보다 마찰력이 적다.
- **응집력** : 토양의 점착성을 형성하는 입자들 사이의 끌어당기는 힘. 점토는 흙이나 자갈보다 응집력이 뛰어나다.
- **압축성** : '하중을 받으면 토양이 얼만큼 압축되는가?'.
- **탄성** : '압축되었던 토양이 이전의 밀도로 다시 복원될 때 어느 정도까지 복원되는가?'
- **삼투성** : '물이 토양을 얼마나 잘 통과하는가?'
- **모세관 현상** : '지하 수면에서 토양을 통과한 수분이 어디까지 차오르는가?'

토대(기초)

구조물의 무게를 바닥에 안정적으로 **유지시키기** 위해서는 기초가 중요합니다. **기초가 토질역학과 잘 맞아야 합니다.** 그렇지 않으면 압축 상태에서 토양이 **전단**되거나(이동면을 따라 미끄러짐) **균일하지 않게** 지어질 수 있습니다. 기초의 종류를 알아봅시다.

- **직접기초 또는 패드** : 패드를 기둥이나 벽과 같은 하중지지 요소 바로 아래에 위치시킴
- **매트기초** : 일반적으로 철근 콘크리트로 만들어진 판이 건물의 전체 설치면적의 기초가 됨
- **부력기초** : 제거한 토양의 중량과 건물 하중이 균형을 이루도록 강성 기초의 깊이를 설계하여 구조물 아래의 토양이 이전과 동일한 무게를 견디게 함
- **선단지지 말뚝기초** : 기둥을 기반까지 연장하여 하중을 직접적으로 전달함
- **마찰 말뚝기초** : 토양의 전체에 하중을 전달함

경사의 안정성

경사면에서 토양에 가해지는 중력은 토양 입자 사이의 마찰력과 응집력의 영향을 받습니다. 공학자는 이러한 힘 사이의 비율로 경사의 안정성을 평가합니다. 비율이 정확히 1일 때는 힘이 완벽한 균형을 이루고 있음을 뜻하고, 2일 때는 안정적인 힘이 원동력에 비해 두 배라는 것을 의미합니다. 1보다 작은 비율의 경사는 **미끄러지거나 무너질 수 있습니다.** 물의 흐름과 높이도 이 비율에 영향을 줍니다.

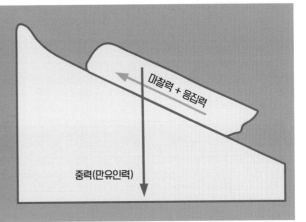

마찰력 + 응집력

중력(만유인력)

측량

토지 또는 건물의 면적을 조사하고 측정하는 것을 말합니다.

고대 이집트

기자의 대피라미드는 **남북**과 **동서**가 정확히 나란합니다. 측량사들은 일출과 일몰의 위치를 확인하고, 그 간격을 이등분하여 정남쪽 방향을 찾았을 겁니다.

고대 그리스

그리스인은 측량에 능숙했습니다. 기하학이라는 단어가 '토지 측정'을 의미합니다.

기원전 550년경, 에우팔리노스(39 페이지 참조)는 간단한 측량 기술을 사용하여 사모스섬에서 터널을 만들만한 위치를 찾아냈습니다.

로마 시대

로마인은 간단한 방식으로 직선 도로를 계획했는데, 보통 A에서 B까지의 가장 짧은 경로를 선택하는 방식이었습니다. 주로 사용한 도구는 고대 메소포타미아에서 발명한 **그로마**(groma)로, 막대에 십자 형태로 추들을 설치하여 수준측량을 할 수 있도록 제작된 휴대용 측량 도구입니다.

측량 도구

1571년 영국의 과학자 **레너드 딕스**는 수평각을 측정하는 도구인 **경위의**를 만들었는데, 오늘날에도 여전히 사용되고 있습니다.

경위의 외에도, **현대의 측량사들은** 측정 테이프, 각도 및 거리를 측정하는 **통합 측량기, 3D 스캐너**, 그리고 **표척**과 함께 사용하는 **광학 기기**인 **수준기**를 사용합니다.

지도의 제작

지도 제작을 위해서는 일반적으로 **항공기와 위성**을 모두 사용합니다. 영국의 국립지도제작 기관에서는 가까운 미래에 **배터리 교체** 없이 **성층권**에서 몇 달 동안을 항해할 수 있는 **고지대 태양열 구동 드론**을 사용하여 제작할 계획이 있다고 합니다.

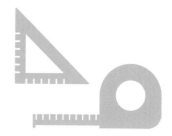

열역학

열역학은 열, 온도, 에너지, 일, 그리고 이들 간의 관계를 다루는 과학의 한 분야입니다.

잠열

1761년, 조지프 블랙이 잠열을 발견했습니다. 잠열은 **얼음을 녹이는데** 필요한 열이자 **증기가 물로 응축할 때 발생하는 열입**니다.

와트의 효율

1769년, 제임스 와트는 뉴커먼 증기 엔진 (49 페이지 참조)의 효율을 개선하기 위해 **별도의 응축기**를 사용하는 훌륭한 아이디어를 생각해냈습니다.

카르노 사이클

1824년, 프랑스 공학자 니콜라 레오나르 **사디 카르노**는 증기기관의 효율을 더욱 향상시키기 위한 연구를 했습니다.

그는 누출이 전혀 없는 가상의 증기기관의 작동을 설명했습니다. 두 개의 열원 사이에서 작동하는 열 엔진으로 증기를 사용하여 열에너지를 기계적 일로 변환하는 것이었습니다. 이 카르노 사이클로 인해 그는 열역학의 아버지라 불리게 되었습니다.

첫 번째 법칙

1850년, 루돌프 클라우지우스는 열이 **차가운 물체에서 뜨거운 물체**로 흐르지 않는다는 것을 밝혀냈습니다. 그는 또한 **닫힌계(closed system)**에서 에너지는 보존되며, **생성되거나 소멸하지 않는다**는 것을 알아냈습니다. 이것이 바로 **열역학 제1법칙**입니다.

두 번째 법칙

실제 시스템에서는 항상 일부 에너지가 열로 손실되는데, 이러한 손실을 **엔트로피**라고 합니다. **열역학 제2법칙은 엔트로피가 항상 증가하는 방향으로 일어난다**는 것입니다. 엔트로피는 일반적으로 보존되지 않고, 시간에 따라 증가합니다. 따라서 엔트로피가 항상 증가한다는 사실은 시간이 왜 앞으로 흐르는지에 관한 근거 중 하나입니다.

켈빈 경

1854년, 윌리엄 톰슨(후에 켈빈 경으로 불리게 됨)과 **윌리엄 랭킨**은 제1법칙과 제2법칙을 공식화했습니다.

톰슨은 **절대온도눈금★** 아이디어를 생각해냈고, 이를 **켈빈** 단위로 측정합니다. 0K는 온도의 절대영도이고 그 어느 것도 더 낮은 온도를 가질 수 없습니다.

엑서지

1873년 J. 윌러드 기브스는 존재하는 에너지에 관한 아이디어를 생각해냈는데, 이를 **1956년 조란 란트가 그리스어** *ex*와 '일에서부터'라는 뜻의 *ergon*에서 착안해 엑서지라고 불렀습니다. 시스템의 엑서지는 열원과 시스템을 열평형인 상태로 만드는 과정에서의 최대 가용 일을 뜻합니다.

★ 절대온도눈금 : 영점을 절대온도(−273.15℃)로 한 온도눈금

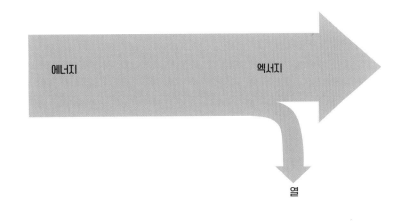

에너지 엑서지

열

트러스 건축물

트러스는 일반적으로 직선 부재가 삼각형 모양으로 접합되어, 전체의 조합이 하나의 객체로 작동하는 구조체입니다.
각 부재에 압축력 혹은 인장력이 작용합니다.

트러스의 종류

서까래와 천장의 **장선**이 간단한 트러스를 형성하는데, **경사 부재**에는 압축력이 작용하고 **수평 부재**에는 **인장력**이 작용합니다.

자전거의 **마름모꼴 프레임**은 **평면** 트러스이며, **두 개의 삼각형**으로 이루어져 있습니다. 이러한 트러스 구조를 사용하면 고형물로 만들어진 다른 빔이나 구조물보다 훨씬 가벼운 소재로도 같은 역할을 할 수 있습니다.

스페이스 프레임 트러스는 삼각형들의 **3D 격자**로, 고전압의 전기를 운반하는 철탑 등에 사용됩니다.

1614년에 **이니고 존스**는 인장력이 작용하는 수직 부재가 수평 부재를 지지하는 **킹포스트 트러스**를 영국에 들여왔고, 이를 사용하여 **크리스토퍼 렌**은 커다란 **수평 천정**으로 이루어진 **집을 지을** 수 있었습니다.

1844년에 칼렙과 토마스 프래트가 프래트 트러스 특허를 냈습니다. **다리를 짓는데** 주로 사용되었으며 처음에는 **목재**, 다음은 **철**, 최종적으로는 **강철**로 짓게 되었습니다.

1820년에 미국 공학자 **이티엘 타운**이 **타운 트러스** 특허를 냈고, **격자교**에 널리 사용되었습니다. 빽빽히 밀집한 대각선 요소들은 널빤지로 만들어졌습니다.

퀸포스트 트러스는 킹포스트 트러스의 **확장 버전**입니다.

점성(점도)

걸쭉하고 끈적거리는 유체를 점성이 있다고 말합니다.
점성은 내부 마찰의 양을 뜻하는 것으로 안정된 흐름에 저항하는 단위 면적당 힘을 가리킵니다.

스토크스의 법칙

조지 **스토크스** 경은 1840년대에 **점성**을 조사하기 시작해 1851년에 이르러 스토크스의 법칙을 제안했습니다. 이 법칙은 과학자들이 **액체로 가득 찬 튜브**에 **볼베어링**을 떨어뜨림으로써 **액체의 점성을 계산**하고 종단속도를 알 수 있게 합니다.

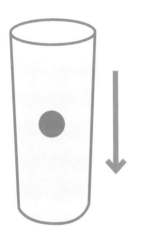

마찰

액체(또는 기체)가 튜브를 따라 흐를 때. 튜브와 맞닿은 가장자리는 마찰로 인해 흐름이 느리며 중앙으로 갈수록 점점 더 빨라집니다. 이러한 속도의 차이로 유체에 흐름 층이 생겨나는데, 점성은 이 층 간의 마찰을 측정한 것입니다.

점성 설명하기

시럽은 물보다 훨씬 더 점성이 높습니다. 케첩을 비롯한 요변성 액체는 흔들거나 휘저으면 점성이 낮아집니다.

공기와 물의 영향

공기의 점도는 **항공기의 항력**을 야기하고, 물의 점도는 **보트나 선박의 속도를 늦춥**니다.
항공기와 선박은 이러한 **항력을 최소화하기 위하여 유선형**으로 설계합니다.

온도의 영향

절대영도에 가까운 온도에서 **헬륨3**과 **헬륨4**와 같은 **초유체**의 점성은 0으로 떨어집니다. 컵에 이러한 초유체를 넣으면. 컵을 타고 올라 바깥으로 흘러버립니다.

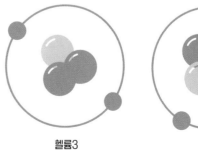

헬륨3   헬륨4

취약성

공학자들은 프로젝트 착수 전에 위험을 평가하고 허용하며, 재난 발생 시 이에 대처할 방법을 제공하는 것으로 취약성을 줄일 수 있습니다. 취약성은 잠재적 위험의 요인이 될 수 있습니다.

자연재해

사람, 시스템, 건물의 취약성은 환경의 영향에 대처하기 어렵다는 것입니다. 예를 들어, 강 근처 저지대에 있는 건물은 침수의 위험이 있습니다.

지진대에 있는 공학 구조물은 강한 **떨림**에 취약할 수 있습니다(14페이지 참조).

흔한 취약성

노인들은 **계단**을 오르락 내리락하는데 **어려움**을 겪을 수 있습니다.

미국에서는 **자동차 충돌사고**로 매년 **35,000**명이 사망합니다. 차로 이동하는 사람들은 취약성을 갖습니다.

위험한 활동

어떤 사람들은 의도적으로 자신을 취약한 상태로 만듭니다. 암벽 등반가, 스키어, 그리고 스쿠버다이버들은 **위험**에서 오는 **흥분**을 느끼기 위해 그렇게 합니다.

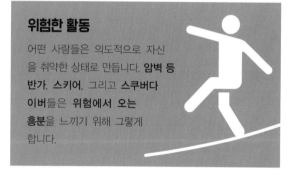

위험물질

위험물질을 다루는 사람들에게는 방호복을 제공하여 취약성을 줄일 수 있습니다.

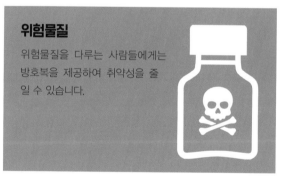

취약성 완화하기

공학자의 임무는 위험을 측정하여 구조물과 사람이 **취약하지 않도록** 만드는 것입니다(28페이지 참조).

전쟁을 대비하여 **방공호를 설계**한다든지요…

…혹은 **사이클리스트를 위한** 더 좋은 **헬멧?**

화장실

화장실은 인간의 오물 처리 문제를 우아하게 해결한 사례입니다.
초기의 인류 문명에서부터 발견되긴 하지만, 우리가 흔히 떠올리는 형태의 화장실은 18세기에 등장했습니다.

기원전 2500년경 인더스밸리 도시인 모헨조다로와 하라파에 나무로 된 좌석과 하수로가 있는 최초의 화장실이 설치됨

기원전 2000년경 미노아의 크노소스 궁전에 최초의 수세식 변소가 설치됨

기원전 100년경 로마에서는 공용 화장실의 변기를 수돗물을 이용해 내릴 수 있었음

서기 1200년경 중세시대 성에 화장실을 추가함

1596년 존 해링턴 경이 엘리자베스 1세 여왕을 위해 물탱크와 변기 손잡이를 설치한 변기를 설계함

1775년 영국의 시계기술자인 알렉산더 커밍스가 냄새와 해충을 막는 방취판의 특허를 냄

1778년 영국 요크셔에서 조셉 브라마가 수세식 변소 특허권을 획득함

1885년 영국의 도공 토마스 트위폴드는 배관공 J.G.제닝스와 함께 최초의 자기로 된 변기를 제작함

화장지

화장지가 만들어지기 이전에는 **막대에 스펀지를 끼워** 사용하거나(고대 로마인) 울이나 **면**을 사용하거나(부유한 유럽 상인들) **옥수수의 속대**를 사용했습니다 (식민지 미국인). 종이는 6세기 **중국**에서부터 사용됐는데, 화장실에서 사용하는 종이는 1857년 미국인 조셉 게예티가 발명했습니다. 1880년대에는 스콧 형제가 두루마리 형태로 된 화장실 휴지를 팔기 시작했습니다.

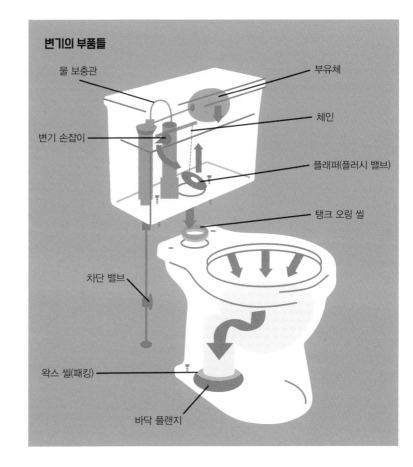

변기의 부품들

물 보충관

부유체

체인

변기 손잡이

플래퍼(플러시 밸브)

탱크 오링 씰

차단 밸브

왁스 씰(패킹)

바닥 플랜지

댐

댐은 상수도, 관개, 전원 공급원, 가항성의 향상, 휴양 용도, 홍수 및 유량의 제어 등
다양한 목적으로 물을 유지하기 위해 흐르는 물 위에 세운 구조물입니다.

댐의 요소

댐의 요소는 **상류와 하류 축**으로 정의 합니다. 댐의 **힐(heel)**은 상류면이 건물의 기초와 만나는 곳이고, **비탈끝(toe)**은 하류면이 기초와 만나는 곳입니다. 상류 쪽에 갇힌 물은 **웅덩이(pool)**라 부르며, 댐 아래의 물은 **테일(tail)**이라고 합니다.

여유고는 웅덩이 **표면**과 댐이 **넘칠** 수 있는 **가장 낮은 지점** 사이의 **간격**을 뜻합니다. **배수로**는 물이 댐 위로 또는 주변으로 배출되는 통로입니다. **교대**는 댐이 건설되는 계곡 벽의 **자연적인** 혹은 **인공적인** 부분입니다.

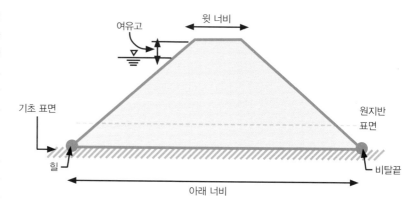

토목공학

비버 댐

댐을 건설하는 동물이 인간만은 아닙니다. 비버가 만드는 댐은 평균적으로 높이는 180cm이고 너비가 150cm인데, 현재까지 발견된 가장 커다란 비버 댐은 **캐나다 앨버타 주의 우드 버펄로 국립공원** 남쪽 가장자리에 있는 850m 너비의 댐입니다. 아마도 건설에 20년은 족히 걸렸을 겁니다.

댐의 종류

댐은 **물이 가하는 힘**을 견딜 수 있어야 합니다. 댐은 종류에 따라 각기 다른 방식으로 수력을 견딥니다.

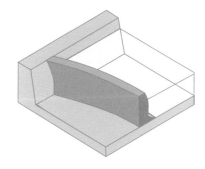

- **아치 댐** : 수평면에서 댐을 구부리면 아치가 생겨서 계곡 측면의 교대(다리받침)로 힘을 전달한다. 일반적으로 **좁고 가파른 계곡**에서 사용된다.

- **부벽 댐** : 부벽은 하류에서 댐을 떠받치는 역할을 한다. 직접 토압을 지탱하는 압벽에 지지하거나 보조하는 것이므로 재료가 적게 사용된다.

- **제방 댐** : 넓은 단면적을 가져 **넓은 계곡**에 적합하다. **토양, 쇄석** 등의 천연 물질이 사용되며, 일반적으로 **중심부가 불침투성**이라는 특징이 있다.

- **중력 댐** : 안정성을 위해 **자체 무게**에 의존하며 일반적으로 **삼각형**의 단면으로 이루어져 있다.

청동기 시대

석기시대 이후 인간이 금속을 다루게 되면서 기술 개발에 접어든 시대입니다.
기원전 4500년경 중동에서 시작되어 기원전 500년 북유럽의 철기시대까지 지속되었습니다.

- **기원전 6500년경** 터키 동부에 위치한 동아나톨리아에서 최초의 구리 물체가 발견됨

- **기원전 4500년경** 초기 청동기 시대로도 불린 금석병용 시대의 시작

- **기원전 4000년경** 아나톨리아의 금속공학자들이 구리와 비소를 합금하여 청동을 만듦

- **기원전 3500년경** 구리광 제련이 메소포타미아에 널리 퍼짐

- **기원전 3000년경** 지중해의 금석병용 시대가 유럽으로 퍼져 감. 메소포타미아에서 청동 합금에 비소 대신 주석을 사용함

- **기원전 2500년경** 영국에서 청동을 사용하기 시작함

- **기원전 2000년경** 주석 침전물이 영국 콘월에서 사용됨

- **기원전 1200년경** 중동에서 철기 시대가 시작됨

- **기원전 1000년경** 청동에 납을 추가함

- **기원전 500년경** 유럽에서 청동기 시대가 끝남

- **서기 15세기** 멕시코에서 청동기 시대가 시작됨

초기의 주석 청동

Cu + Sn = bronze(청동)

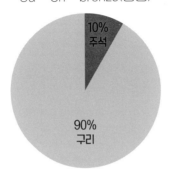

10% 주석

90% 구리

구리와 청동

청동은 일반적으로 구리와 주석의 합금입니다. **선사시대의 사람들**이 **금속공학** 기술을 개발할 때 천연의 형태로써 찾을 수 있는 구리에서부터 시작했으며, 이를 다른 원소들과 **합금**하면서 청동을 만들게 되었습니다. 더 튼튼한 **연장**과 **무기**를 만들 수 있게 된 것입니다.

문명의 탄생

청동제조 자원과 기술은 도시 국가와 문명의 발전을 이끌었습니다. 이로 인해 청동기 시대에 메소포타미아에서 최초의 문명이 출현했고, 글쓰기, 회계, 고급수학이 발전했습니다.

청동기 시대의 발전

청동기 시대의 기술 및 공학적 발전에는 대규모 관개 프로젝트, 피라미드(기념비적 건축물) 건설, 바퀴 달린 수레와 전차의 확산, 쟁기의 발명, 그리고 철기작업의 발전이 있습니다.

교량

교량의 모양과 크기는 다양합니다.
고속 이동수단의 발달로 세계가 축소됨에 따라, 공학자들은 더 길고 더 커다란 다리를 건설할 것입니다.

간단한 교량

수천 년 동안 사람들은 **시냇가**를 건너기 위해 **통나무나 널빤지**를 이용했습니다.

일반적인 길에서는 **돌을 사용해서** 간단한 다리를 만들었습니다.

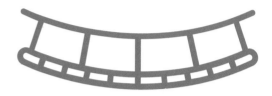

500년 전 남미의 **잉카인들**은 **협곡**을 건너기 위해 **밧줄로 된 다리**를 만들었고, 매년 **이츄풀**로 밧줄을 재정비했습니다. 아직도 일부 장소에서는 이 방법을 사용하고 있습니다.

같은 시기, 선진국의 주요 도로에는 강을 건너기 위한 **석조 다리**가 있었습니다.

수송용 교량

운송 수요의 증가로 교량은 말과 수레를 지탱할 수 있을 정도로 견고해야 했고, 철도가 놓일 수 있을 정도로 평평해야 했습니다.

목조 철도 다리는 **저렴하고 빠르게** 건축할 수 있었습니다.

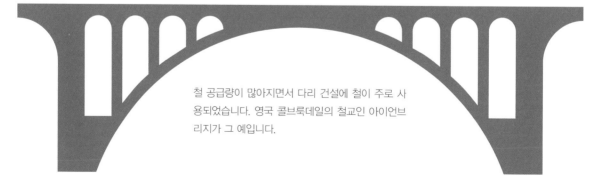

철 공급량이 많아지면서 다리 건설에 철이 주로 사용되었습니다. 영국 콜브룩데일의 철교인 아이언브리지가 그 예입니다.

터널

지하를 뚫어 만든 통로를 말합니다.
초기의 터널은 수도로 사용하기 위해서 만들어졌으나, 파이프와 케이블의 운송과 보관에도 사용됩니다.

- 기원전 4000년경 페르시아에서 카나트(수로 터널)를 건설함

- 기원전 6세기 고대 그리스 엔지니어 **에우팔리노스**가 사모스 섬의 산을 뚫어 수로 터널을 건설함

- 기원전 1세기경 로마인들이 방어선을 약화시키기 위한 군수 터널을 개발함

- 서기 18세기 운하 건설 붐이 터널 공학의 발전으로 이어짐

- 1880년 영국해협에 터널을 건설하려는 최초의 시도가 이뤄짐

- 1991년 영불 해협 터널의 완공

에우팔리노스 터널

길이 : 1,035m

지름 : 180cm

배수로 깊이 : 4~9m

산 정상부터 터널까지의 거리는 170m이며,
양끝에서 구멍을 파기 시작하여 중간에서 만나는데 8~10년이 걸렸습니다.

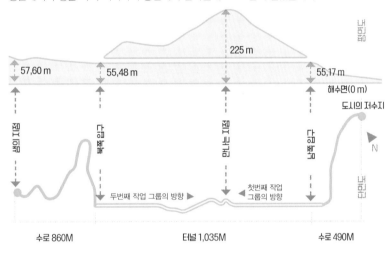

225 m

57,60 m   55,48 m   55,17 m   해수면(0 m)

도시의 저수지

수로 860M   터널 1,035M   수로 490M

두번째 작업 그룹의 방향   첫번째 작업 그룹의 방향

터널의 부분별 명칭

터널의 입구를 **포털**, 양 옆을 **벽**, 상반부를 **크라운**, 하반부는 **인버트**라고 합니다. 터널 벽 안쪽 경사가 바깥쪽 경사로 꺾이기 시작하는 선을 **스프링라인**이라고 하며 터널의 출토된 표면은 **헤딩**이라고 합니다.

터널의 종류

기본적으로 터널은 단면이 원형이며, 두 개의 연속 아치가 결합된 형태입니다. 말발굽 터널은 더 평평한 인버트로 되어 있으며 D자형 터널에는 평평한 인버트, 수직 벽, 그리고 아치형 지붕이 있습니다.

세이칸 터널

2019년 기준, 세계에서 가장 긴 해저터널은 일본의 세이칸 터널입니다. 일본의 섬 혼슈와 홋카이도를 연결하는 이 터널은 길이가 53.85km입니다(해저구간 23.3km).

아치

아치는 공학자들이 수천 년 동안 건축물에 사용한 압축 구조입니다.
출입구 등의 개구부에 주로 사용되는 하중을 견딜 수 있는 곡선형 구조물입니다.

어떤 원리인가요?

아치 꼭대기에 위치한 **쐐기돌**이 아래의 돌들을 양 옆과 아래로 밀어냅니다. **아치의 요점**은 압축력으로 틈새를 메우는 데 있습니다. **압축력**은 아치의 **측면**을 바깥쪽으로 **밀어내는데**, 바깥의 **받침대**가 아치가 밀려나는 것을 받쳐줍니다.

고대의 아치

4천 년 동안 건설해왔던 아치. 초기에는 지하에 건설되어 주변 땅이 아치를 떠받치는 방식이었습니다.

무슨 뜻인가요?

건축가(architect)와 건축학(architec-ture)은 '아치를 만드는 사람'과 '아치를 만드는 것'이라는 뜻입니다.

로마의 구조

로마인은 **석조 구조물**을 사용하여 상당한 높이와 거리에 걸쳐 아치를 제작하는 등 열정적으로 아치를 건설했습니다. 그 중 하나가 **가르교 수도교**입니다. 가장 윗 단의 아치는 인근 도시로 물을 운반하는데 사용되었습니다.

또한 다양한 건물에 아치를 사용했는데, **3차원 아치**인 **아치형 지붕**과 **돔**을 건설하기도 했습니다.

중세의 아치

대부분의 **로마 아치**는 꼭대기가 둥글지만, 중세 고딕 양식의 교회나 성당에서는 종종 첨두 아치를 발견할 수 있는데, 바닥에 가해지는 횡력을 줄이기 위해서입니다.

20세기의 아치

스위스의 토목 기술자인 **로베르 마야르(1872~1940)**는 **철근 콘크리트 아치 교량 설계의 전문가**였습니다. 1929-30년에 제작된 그의 **살기나트베르교**는 **3힌지 아치교**입니다. 교량의 양 끝과 중간 지점에 있는 힌지는 구조물의 열팽창과 수축을 허용하기 위해 설치된 것입니다.

1931년 **오트마르 아만(1879~1965)**이 설계한 **베이온교**는 뉴저지의 베이온과 뉴욕의 스태튼섬을 연결했습니다. 세계에서 **가장 긴 철재 아치 다리**입니다.

등대

해상 선박의 항해사들에게 위험을 경고하기 위해서 조명과 기타 보조기구를 갖춘 구조물입니다.

- **기원전 660년** 시인 레스체스가 시게움(현재 터키의 케이프 인치사리)의 등대를 묘사함

- **기원전 300~280년경** 크니두스의 소스트라투스가 이집트 알렉산드리아에 파로스 등대를 건설함

- **서기 50년경** 로마의 클라우디우스 황제가 로마 근교의 항구에 대등대를 건설함

- **서기 150년경** 로마인이 영국의 도버와 프랑스의 불로뉴에 서유럽 최초의 등대를 건설함

- **800년경** 프랑스의 지롱드 어귀에 있는 코르두앙 바위에 최초로 바닷가에 등대가 건설됨

- **800년경** 페르시안만 입구에 배·비행기의 위치 확인을 돕는 무선 송신소가 있었다는 기록이 있음

- **1200년경** 마야인이 중앙아메리카에 등대를 건설함

- **1562년** 중국의 광둥성 서쪽과 장쑤성 북쪽 사이의 해안을 따라 711개의 무선 송신소가 생김

- **1763년** 포물면 거울로 기름에 비치는 빛을 반사하는 최초의 반사 시스템 출현

- **1800년** 아타카마 사막을 지나는 여행자들을 안내하기 위해 칠레의 피카에 내륙용 등대를 건설함

- **1822년** 프랑스의 물리학자 오귀스탱 장 프레넬이 굴절 렌즈와 프리즘 시스템을 완성함

- **1902년** 전기 아크라이트에 알맞는 포물면 반사 장치의 출현

- **1930년대** 최초 자동화 등대 도입

일곱 개 중 두 개

고대의 세계 7대 불가사의 중 두 가지는 등대인데, 알렉산드리아의 **파로스 등대**와 로도스의 **거상**입니다.

파로스

고대인들은 파로스의 높이가 약 180m라고 주장했지만, 실제로는 45m 정도였을 겁니다.

프레넬 라이트

오귀스탱 장 프레넬은 광원으로부터 최대한의 빛을 포착해내는 독창적인 시스템을 완성했습니다. **굴절 프리즘**을 이용해 빛을 굴절시켜 수평으로 이동하게 하는 동시에 위 아래의 **반사 굴절 프리즘**으로 광선을 거의 직각으로 구부려서 수평으로 이동하게 했습니다.

아르키메데스

아르키메데스는 수학자로 알려져 있지만,
뛰어난 기술과 독창성을 가진 엔지니어이기도 했습니다.

 생애 C.287~212 bc

아르키메데스의 발견과 발명

파이(PI)

그는 **파이(π)의 값**이 3.1408과 3.1429
사이라는 것을 증명했습니다.

$$\frac{원주(c)}{지름(d)} = \pi$$

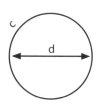

원기둥 내부의 구

현재 사용되는 방정식들 없이 순전하
게 논리만을 사용하여 원기둥에 내접
하는 구의 부피가 원기둥 부피의 3분
의 2이고, 각각의 겉넓이 역시 동일한
비율임을 밝혀냈습니다. 아르키메데스
는 이 발견을 자랑스럽게 생각하여 **그
의 묘비에 새기도록 했습니다.**

아르키메데스의 원리

물이 담긴 곳에 물체를 넣으면 수위가 높아지는데, 이때 물체의
무게만큼 수위가 높아진다는 것을 발견했습니다.
이 원리를 발견한 그는 벌거벗은 채로 공중목욕탕을 뛰쳐나가며
"유레카"를 외쳤다는 일화로 유명합니다.

아르키메데스의 나선 펌프

이 나선 펌프로 빌지수(배의 바닥에 고인 오
염된 물)를 제거했습니다. 기원전 최대의 범
선인 시라쿠시아 선체에 사용되어 배 밑바
닥에 물이 고이면 퍼내는 역할을 했습니다.

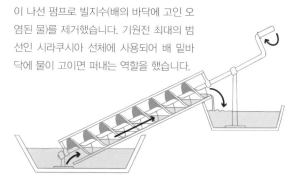

지렛대와 도르래

지렛대와 도르래의 법칙에 대해서도
연구하여 전에는 들지 못했던 무거운
물체를 들 수 있게 되었습니다.

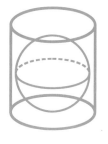

열선

햇빛을 한 데 모아 불을 붙이는 무기인
열선을 발명하여 침략한 로마 선박을
침몰시켰습니다.

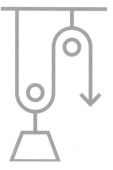

선량한 시민

아르키메데스는 고향인 시라쿠사에 이바지하기 위해 발명한
것들이 많습니다. 특히 적의 침략을 방어하기 위해서였습니다.

42

물레방아

물의 운동에너지/위치에너지를 회전 운동으로 변환하여
곡식을 빻거나 물건을 들어 올리는 등의 기능을 하는 장치입니다.

물레방아의 역사

최초의 서면 자료는 기원전 400년의 것
인데, 아마도 그보다 수세기 이전부터 사
용해왔을 것입니다. 산업혁명 전까지 물은
주요한 비-동물적 동력원이었으므로 강이
나 시내에 주로 설치되었을 겁니다.

물레방아의 종류

물레방아는 3개의 기본 형태가 있습니다. 그중 **노르드식은 가장 오래된 방식으로 가장 간
단하고도 가장 비효율적입니다.** 수직 축과 수평 휠로 구성되어 있으며 옆에서 흐르는 물
을 사용합니다. 현대의 터빈과 비슷한 형태입니다. 상사식과 하사식은 아래를 참고하세요.

DOMESDAY WHEELS

Domesday Book은 1086년에 만들어진 영국의 토지를 기록한
토지 대장입니다. 이 책에 물레방아의 개수가 5,624개라고 기
록되어 있는데, 아마 그것보다는 더 많았을 겁니다.

캠

실제로 작업에 물레방아를 활용할 때, 용도에
따라 물레방아의 운동을 변환할 수 있는 기어가
필요했는데, 그게 바로 캠입니다. 예를 들어 무
언가를 짓이기거나 으깨는 공정으로 변경하고
싶을 땐 물레바퀴에 하나의 캠을 단 뒤에, 선 운
동을 할 막대나 기둥에도 캠을 다는 겁니다. 이
렇게 회전 운동을 선 운동으로 변환했습니다.

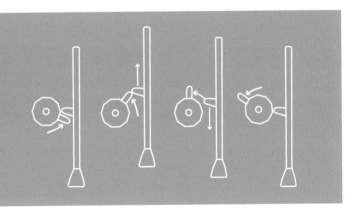

상사식, 하사식 물레방아

하사식 물레방아는 하부의 흐르는 물을
이용하는 것으로 상사식에 비해 비효율
적이며 수위가 낮아지면 멈춰버린다는
단점이 있습니다.
반면에 상부의 흐르는 물을 사용하는
상사식 물레방아는 물이 위에서 떨어지
므로 중력에너지까지 더할 수 있어 보
다 많은 에너지를 사용할 수 있게 됩니
다. 다만 상사식 물레방아는 대부분 인
공적으로 수로를 만드는 작업이 동반됩
니다.

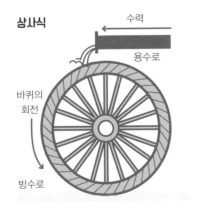

상사식

수력

용수로

바퀴의
회전

방수로

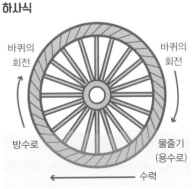

하사식

바퀴의
회전

바퀴의
회전

방수로

물줄기
(용수로)

수력

상수도와 하수도

로마인은 많은 공학적인 랜드마크를 만들어냈습니다.
가장 인상적인 성과는 수로, 수조, 하수도 등의 구조물입니다.

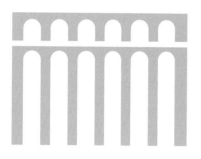

송수로

영리한 로마인들은 중력과 공학을 이용해 물을 도시로 운송했습니다. 일반적인 생각과는 달리, **대부분의 수로가 다리가 아니라 터널이나 등고선을 낀 감춰진 경로를 이용했습니다.** 공학자들은 운송시간을 단축시켜야 할 때만 다리나 사이펀*을 이용했습니다.

로마에 매일 공급되었던 물의 양은 **대략 6억 리터**로 추정됩니다.

하수도 혹은 배수관?

고대의 하수도는 습지, 홍수, 폭풍으로부터 **물을 빼내기 위한 강우 유출 수로**로 활용됐습니다. 실제로 로마의 거대한 터널인 클로아카 맥시마(대하수구)가 이러한 목적으로 사용됐습니다. 나중에야 공공과 민간의 화장실들이 하수구와 연결되었는데, 19세기까지도 **인간의 오물 처리만을 위한 하수도는 매우 드물었습니다.**

클로아카 맥시마

기원전 6세기, 클로아카 맥시마는 습지대의 배수를 위한 개수로 용도로 만들어졌습니다. 이후 기원전 3세기에 보수하여 거대한 아치로 복개되었는데, 무려 2,400년 동안 사용되었다고 합니다.

로마의 화장실

가정용 화장실로 냄비, 양동이, 오물통을 사용했습니다. 공공 화장실은 배설물 운반을 위해 수로 위에 긴 벤치 형태로 만들어졌으며, 발이 닿는 위치에 세정을 위한 수로가 따로 마련되어 있었습니다.

★ 사이펀 : 대개 거꾸로 된 U자 모양의 관. 펌프 없이도 유체를 중력에 반하여 끌어올릴 수 있다. 수면의 높이가 다른 두 유체 사이의 이동을 위해 사용된다.

카라칼라의 목욕탕

고대 로마에서 가장 큰 건물 중 하나인 카라칼라의 목욕탕의 면적은 13만㎡입니다. 대략적인 주건물의 길이가 230m, 폭은 115m이며 높이는 38m로 추정됩니다. 전용 송수로로 온수를 공급했으며 온돌과 함께 따뜻함을 제공했습니다. 한번에 1,600명의 손님을 받을 수 있었고, 내부 시설로 2개의 도서관과 체육관, 쇼핑몰이 있었습니다.

토목공학

만리장성

인류 역사에서 빼놓을 수 없는 공학의 위대한 업적 중 하나입니다.
중국 전역에 흩어져 있는 여러 재료들로 성벽을 만든 것입니다.

- 기원전 5~3세기 전국시대 – 북동 구역과 더불어 나라들 사이에 작은 장성들을 구축함

- 기원전 221~206년 진나라 왕조 – 북동 구역의 장성들을 재건하며 서쪽으로 확장함

- 기원전 206년~서기 220년 한나라 왕조 – 북동 구역의 장성들을 재건하며 북쪽과 동쪽 멀리, 고비사막 깊숙한 곳까지 확장함

- 386~584년 북위 왕조 – 베이징 서쪽으로 확장함

- 1066~1234년 요나라와 금나라 왕조 – 북쪽 먼 구역까지 확장함

- 1368~1644년 명나라 왕조 – 베이징 주변과 한반도 국경을 재건했고, 서쪽의 흩어진 부분을 재건함

송충이에게는 솔잎을

일반적으로 만리장성을 떠올리면 벽돌과 석조가 생각나지만, 그것이 전부가 아닙니다. 사막 지역에서는 버드나무와 갈대 사이를 모래와 자갈로 채워 구축했으며, 돌이 많지 않은 지역에서는 땅과 흙을 굳혀 거대한 모래더미로 구축했습니다.

고전 건축

명나라 시대에는 성벽을 만들 때 석판이나 가마로 구운 벽돌에 회반죽이나 심지어는 찹쌀을 발라 쌓았습니다.
성벽 사이는 현지에서 채석한 암석으로 채운 다음 흙과 돌무더기로 다졌고, 성벽 꼭대기는 벽돌과 석재로 포장했습니다.

만리

1리는 393m입니다. 초대 황제인 시황제가 건설한 원래의 벽 길이는 5,000km. 중국 정부에 따르면 여러 왕조에 걸쳐 재건되고 확장된 성벽의 총 길이는 **21,196km**라고 합니다. 오늘날 방문객들이 방문하는 만리장성은 명나라 때 지어진 성벽으로, 8,851km가 넘었던 것으로 알려져 있습니다.

명나라 성벽의 높이는 최대 8m, 바닥의 평균 두께는 4.5~9m이고 윗면은 3.6m입니다. 25,000개의 탑과 15,000개의 전초기지로 이루어져 있습니다.

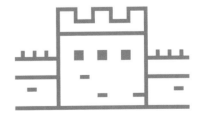

돔

돔은 폭이 더 깊은 아치를 말합니다.
평면도에서 원형, 타원형, 다각형일 수 있고, 수직 단면도에서는 둥글납작형, 분할형, 반원형, 뾰족한 형태일 수 있습니다.

둥글거나 정사각형이거나

돔은 세워질 기반 구조물의 평면에 따라 형태가 달라집니다. 기반 구조물이 **돔과 동일한 평면인 경우를 드럼**(원통)이라고 하며, 전체 구조는 원형 홀이라고 부릅니다. 기반 구조물의 평면이 돔과 달리 정방형이나 직사각형일 때는 평면과 돔 사이에 구조물을 설치하여 사각형에서 원형으로 평면을 전환합니다. 여기에는 뤼네트, 펜덴티브, 스퀸치가 포함됩니다.

돔의 종류

돔에는 이상하고도 멋진 여러 가지의 이름이 있습니다. 우산형, 멜론형, 돛형, 칼로테형, 회랑형, 낙하산형, 호박형, 그리고 판테온식 돔 등입니다. 강력한 **로마 판테온**의 이름을 딴 후자의 유형은 내부가 **정간**으로 **장식**되어 있고 종종 바깥에 **계단**이 있는 낮은 돔입니다.

판테온

로마의 모든 신을 위한 거대한 신전으로, 기원전 27년 아그리파가 건설하기 시작했지만, 하드리아누스가 통치하는 서기 120년경에나 완성되었습니다. 로마인들은 콘크리트를 사용하여 드럼 위에 지름과 높이가 43m에 이르는 원형 홀로 이루어진 거대한 돔을 만들 수 있었습니다. 돔 꼭대기 한가운데에 9m 넓이의 둥근 창(오큘러스)을 내어 빛이 들어오게 했습니다.

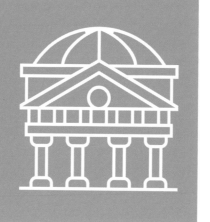

두오모 쿠폴라

피렌체 대성당의 돔은 필리포 브루넬레스코의 역작입니다. 1420년부터 떠올린 아이디어들로 이중 벽 구조의 돔을 건설했는데, 후프 응력(바깥으로 확산하는 압력)에 대응하는 쇠사슬, 돌, 철, 나무와 나선형으로 된 헤링본 무늬의 벽돌로 돔을 감싸는 획기적인 방식이었습니다. 두오모 쿠폴라를 건설하기 위해 설계한 도르래와 크레인조차도 매우 혁신적인 것이었습니다.

풍차

바람을 이용하여 동력을 얻는 돛이 달린 구조물입니다.
대부분 옥수수를 빻거나 물을 운송하는데 쓰였으며, 내연기관이 출현할 때까지 널리 사용되었습니다.

- 서기 1세기 알렉산드리아의 헤론이 풍력 기계에 관해 설명함
- 644년 페르시아에서 풍차에 관한 최초의 기록이 발견됨
- 915년 페르시아의 수평 풍차 건설
- 1200년경 징기즈칸이 페르시아의 풍차 기술자를 중국으로 데려감
- 1200년경 유럽의 회전식 풍차 건설
- 1420년 유럽의 고정된 타워 풍차(또는 스모크밀) 건설
- 1745년 영국의 에드먼드 리가 **자동 팬테일***을 발명함
- 1772년 스코틀랜드의 앤드류 메이클이 **스프링 세일***을 발명함
- 1789년 영국의 스테픈 후퍼가 원격 조정이 가능한 **롤러 블라인드 날개***를 발명함
- 1807년 윌리엄 큐빗 경이 메이클과 후퍼의 발명을 합친 격인 **패텐트 세일***을 발명함
- 1854년 미국의 다니엘 할라데이가 **고리모양 돛 바람 펌프** *****를 발명함
- 1890년 덴마크에서 최초로 전기 발전용 풍차를 건설함

풍차의 종류

풍차는 점차 발전하며 세 가지 유형으로 자리 잡았습니다.

수평형 풍차

노르드식 물레방아와 유사하게, 수직 축에 위치한 수평면에 날개가 장착되며, 풍차 구동 시 **기어링이 필요하지 않습니다.**

타워 또는 스모크밀

여러 기계와 구조물이 든, 탑 외부의 회전하는 덮개 내부에 날개와 회전축이 장착되어 있는 형태입니다. 수평형 풍차보다 크기가 클 수 있습니다.

포스트 밀

수평 축에 날개를 수직 평면으로 붙인 형태이며 **기어로 회전합니다.** 날개, 기어 및 기타 부품은 견고한 기둥을 바탕으로 한 건물에 장착되어 있어 바람을 마주하여 회전할 수 있습니다.

★ 자동 팬테일(꼬리팬) : 풍차 돛과 직각으로 풍차의 후면에 장착된 작은 풍차. 바람의 방향에 따라 자동으로 방향을 바꾼다.
★ 스프링 세일(돛) : 여러 개의 구역으로 나뉜 돛. 스프링을 이용해 바람의 변화에 맞추어 셔터를 여닫는다.
★ 롤러 블라인드 날개(돛) : 스프링 세일처럼 여러 개의 구역으로 나뉘어 있으며 연결된 돛대들은 천으로 덮여 있다.
★ 패텐트 세일(돛) : 스프링 세일과 롤러 블라인드 세일의 장점을 결합한 돛.
★ 고리모양 돛 바람 펌프 : 원형의 고리 모양을 한 돛을 단 풍력으로 작동하는 펌프.

철

공학에서 철은 변형의 재료라고 일컬어집니다.
제련하면 무게에 비해 강도가 매우 높아지며, 많은 보급으로 가격까지 저렴해 여러 곳에서 활용할 수 있습니다.

- 기원전 3000년경 운철이 사용됨
- 기원전 1200년경 철광석 제련에 성공하면서 철기시대가 시작됨
- 기원전 500년경 에트루리아의 철 제련 센터인 포풀로니아에서 연간 1,600~2,000톤의 철을 생산함
- 기원전 500년경 중국에서 용광로 선철을 생산함
- 서기 1세기경 동아프리카의 하이야 사람들이 용광로를 발명함
- 1200년경 서유럽에서 용광로 출현
- 1708년 영국의 에이브러햄 다비가 석탄을 연료로 하는 용광로를 제안함
- 1754년 연철의 산업 생산을 위한 최초의 철 압연기 출현
- 1760년 영국의 연간 선철 생산량이 약 2,500톤에 달함
- 1779년 에이브러햄 다비가 주철 빔을 사용하여 영국 콜브룩데일의 세 번강을 가로지르는 최초의 주철 교량을 제작함
- 1805년 영국의 연간 선철 생산량이 약 350,000톤에 달함
- 1850~51년 조셉 팩스턴이 철과 유리를 사용하여 런던에 수정궁을 건설함

강편

철은 녹는점이 매우 높아서 **초기의 용광로 기술로는 생산할 수 없었습니다.** 금속공학자들이 강편을 이용해 철을 생산하는 게 유일한 방법이었는데, 강편은 철과 숯과 슬래그를 가열하여 만든 혼합물로, 여기서 나오는 순수한 철 조각을 망치로 두드려 연철을 만들었습니다.

- ★ 용선 : 용광로에서 나오는 녹은 선철
- ★ 주철 : 용선을 틀에 부어 식힌 것

선철

가압된 공기가 유입되는 용광로는 온도가 계속해서 높아지므로, 녹은 철을 빼내어 주형에다 붓습니다. 이렇게 **굳은 주괴를 선철**이라고 부르며 **연철이나 강철을 만드는 데 사용**됩니다.

주철과 연철

주철*은 압축력이 강하지만 장력은 약합니다. 건물의 기둥이나 철책에 주로 사용됩니다. 철을 강하게 단련한 연철은 주철보다 더 단단합니다.

철로 된 빌딩

영국 콜브룩데일의 아이언브리지는 철로 만든 최초의 커다란 구조물입니다. 이후로 많은 교량과 공장과 창고들이 철로 만들어졌습니다. 그중 하나가 1804년 윌리엄 스트럿이 건설한 벨퍼의 노스밀인데, 벽돌 건물을 보강하기 위해서 주철 기둥을 빔의 용도로 사용했습니다.

1851년에는 수정궁이 건설되면서 빅토리아풍의 철과 유리 구조물에 관한 관심이 높아졌습니다. 철제 대들보와 리벳을 이용해 가벼운 금속 프레임을 만들어 커다란 건물을 건설할 수 있었습니다.

증기기관

세계를 혁신한 산업혁명을 정의하는 기술인 증기력.
이 기술이 제대로 작동하기 위해서는 훌륭한 공학 기술이 필요했습니다.

기원전 1세기 알렉산드리아의 헤론이 최초의 증기기관인 에올리오스를 설계함

1644년 이탈리아의 수학자이자 물리학자인 에반젤리스타 토리첼리가 대기에 무게가 있다는 것과 진공의 존재를 입증함

1657년 독일의 물리학자 오토 폰 귀릭케가 진공과 대기압을 이용해서 엄청난 힘을 만들어 냄

1679년 프랑스의 물리학자이자 공학자인 드니 파팽은 증기를 응축하여 부분 진공을 만들었으며, 단일 스트로크 피스톤을 제작함

1698년 영국의 군사공학자 토머스 세이버리는 실린더에서 증기를 응축시켜 발생하는 흡입력으로 물을 빨아들이는 펌프를 발명하여 특허권을 얻음

1712년 영국의 발명가 토머스 뉴커먼이 광산에서 물을 추출하는 증기기관 펌프의 작동을 시연함

1769년 제임스 와트가 분리응축기의 특허를 냄

1775년 와트와 매튜 볼턴이 효율적인 증기기관을 생산함

1781년 와트가 증기기관을 회전운동이 가능하도록 재설계하여 더 광범위한 산업에 사용됨

뉴커먼, 문을 열다

뉴커먼의 증기기관은 폐기된 석탄을 동력원으로 하여, 석탄 광산의 엄청난 확장을 불러왔습니다. **산업혁명의 도화선**이라고 할 수 있는 발명이었습니다.

펌프 → 석탄 → 공장

와트의 응축기

뉴커먼 증기기관은 실린더에 증기응축기가 달려 있어서 스트로크마다 냉각과 가열이 반복돼야 하는 비효율적 구조였습니다.
와트는 증기가 마치 "**탄력성**"을 지닌 거 같다고 생각했습니다. 뜨거운 온도를 유지하는 베셀에서는 **압력**이 생성됐고, 차가운 온도를 유지하는 베셀에서는 **응축**했기 때문입니다.

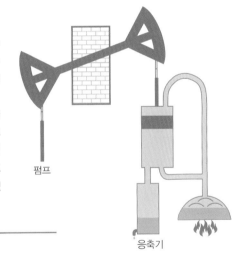

펌프

응축기

틀목암나

대기의 증기와 순수 증기

뉴커먼의 증기기관과 와트의 초기 모델은 **대기압 엔진**이어서 피스톤의 다운 스트로크를 구동하기 위해서는 **대기의 무게에 의존해야 했습니다**. 와트는 피스톤을 밀봉하고 증기의 팽창을 이용하여 피스톤의 스트로크를 구동하는 방법을 적용해 효율성을 크게 높였습니다. 대기압의 영향을 받지 않는 **순수한 증기**만을 사용하는 새로운 방식이었습니다.

공장

일반적으로 공장은 하나의 건물 혹은 건물들의 집합이라 여기지만,
공학적으로는 구성 요소를 하나의 제조업 시스템에 결합하고 조절하는 것을 의미합니다.

이전에는…

산업혁명 이전의 공장은 그저 **무역을 위한 창고 역할**이었습니다. 산업공정도 소규모이며
시스템이 분산된 가내 공업의 시기였습니다. 하지만 언제나 **예외**는 있듯. 그리스의 라우
리움에서는 **광석을 제련하는 공장**(ergastéria)이 있었습니다.

아크라이트의 방적기

영국인 이발사였던 리처드 아크라이트가
1771년 더비셔의 더웬트강둑의 한 방앗간
에서 섬유 제조용 기계를 개발했고, 다른
많은 기계와 공정 혁신을 결합하여 **최초의
산업공장을 설립**했습니다. 보통은 혁신적
인 기업가로 묘사되지만, 시스템 공학자라
고 설명하는 게 더 정확한 방식일 겁니다.

과학적 관리법

미국 공장에 기계화라는 시스템 혁신이 일
자. 영국인들도 **미국의 제조 시스템**에 관
심을 두기 시작했습니다. 이러한 시스템공
학의 혁신은 프레드릭 테일러의 과학적 관
리 원칙을 통해 새로운 수준에 도달하게
됩니다. 명확한 노동 분담과 중앙 제어. 합
리적 관리, 프로세스의 스톱워치 분석이
가능해졌습니다.

미국의 실험

공학자 새뮤얼 슬레이터는 영국의 공장 시스템 혁신을 미국으로 들여와, 1790년 로드
아일랜드에서 **미국 최초의 직물 공장**을 세웠습니다. 슬레이터는 전체 공동체가 직물
의 제조에 기여하는 '기업 마을'을 개발했는데, 이것이 공장의 정의를 확장하는 계기
가 됩니다. 매사추세츠에서는 1814년부터 프란시스 캐보트 로웰이 이끄는 경영주 그
룹이 완전히 통합된 고도의 대규모 기계화 공장을 갖춘 대체 모델을 개발했습니다.

현수교

장력과 작용하는 요소들로 구성된, 장력 구조의 전형적인 구조물입니다.
현수교의 형태는 구조물 자체 무게에 의해 결정됩니다.

밧줄과 사슬

덩굴과 밧줄로 만든 현수교는 아마도 인간이 설계한 구조물 중에서 초기에 해당할 겁니다. **쇠사슬로 만든 최초의 현수교**는 중세시대의 남아시아에서 건설했습니다.

제이콥스 크릭 브리지

서양 최초의 현수교는 미국의 제임스 핀리가 펜실베니아의 제이콥스 크릭*을 건너는 용도로 건설했습니다. 아시아 모델을 참고하여 수직 보강 거더에 철제 사슬 케이블로 연결한 데크가 달린 교량을 설계했습니다.

★ 크릭 : 작은 만

메나이 현수교

1826년 토머스 텔퍼드가 웨일스와 앵글시 섬을 연결하는 메나이 현수교를 건설했습니다. 이 교량은 두 개의 탑 사이, 중앙부인 도로와 보도를 쇠사슬로 매달아 지탱했습니다. 영국 해군의 주장을 받아들여, 만조 시 도로와 보도가 해협과 30m의 여유 공간을 갖도록 설계되었습니다.

존 로블링의 현수교

존 로블링은 현수교 설계의 선구자였습니다. 그가 설계한 신시내티와 코빙턴을 잇는 320m의 교량은 **1866년 개장 당시 세계에서 가장 긴 다리**였습니다.

조지 워싱턴 브리지

토목기술자인 오스마 암만이 설계한 조지 워싱턴 브리지의 길이는 1,450m이며 106,000개의 와이어로 고정되어 있고, 4개의 주요 케이블로 엮여 있으며 뉴욕을 오가는 14개 차선으로 되어 있습니다

단양-쿤산 브리지

세계에서 가장 긴 다리는 **중국의 단양-쿤산 브리지**로, 164km에 달하며 베이징-상하이 고속철도의 일부입니다.

시멘트

시멘트는 모르타르의 중요한 구성 요소로, 벽돌 같은 다른 재료와 결합하거나
골재와 혼합하여 콘크리트를 생산하는데 사용되는 결합 물질입니다.

석고

고대 **이집트인**은 **칼슘**과 **유황**이 풍부한 암석인 석고를 사용하여 시멘트를 만들었습니다. **석고를 하소***하고 분쇄하여 생성된 **분말**을 물과 혼합해 **시멘트질의 끈적거리는 모르타르**를 만들었습니다.

★ 하소 : 칼슘과 유황에 화학적으로 결합된 물을 제거하기 위해 가열하는 것

로마의 시멘트

로마인들이 포졸란이라 불리는 시멘트를 발견했습니다. 벽돌 가루 같이 생긴 화산재의 일종으로 이탈리아 베수비오산 근처의 포추올리에서 처음 채취되었습니다. 구운 점토나 벽돌 가루로도 포졸란을 만들 수 있습니다. 수중에서도 사용할 수 있다는 특징이 있습니다.

포틀랜드의 시멘트

방수 시멘트의 비밀은 중세시대 말까지 찾아볼 수 없었습니다. 현대 시멘트는 1824년 조셉 애스프딘의 포틀랜드 시멘트 특허에 그 기원을 두고 있으며, 만들어진 콘크리트가 영국 포틀랜드 섬에서 나는 석회석과 유사하다 하여 이러한 명칭을 갖게 되었습니다. 애스프딘의 시멘트는 가루 점토를 석회석과 가열하고 하소하여 만든 것입니다. 1845년 아이작 존슨은 더 높은 온도를 이용해서 **현대의 포틀랜드 시멘트**를 만들어냈습니다.

물에서도 굳는 수경성 시멘트

애스프딘의 포틀랜드 시멘트 배럴을 운반하던 선박이 영국 해안에서 침몰한 사건이 있었습니다. 이때 건져낸 굳어진 배럴로 펍(영국 켄트의 시어니스)을 지었습니다. 이를 보아 수중에서 경화된다는 것을 알 수 있습니다.

터널링 쉴드

강 아래에 터널을 뚫는 것은 19세기의 가장 큰 공학 과제였습니다.
런던의 템즈강 아래를 뚫는 최초의 시도는 비극적인 실패를 겪었지만,
이후 마크 브루넬이 벌레를 보고 얻어낸 아이디어를 도입해 성공해냈습니다.

위험한 땅

1807년 증기기관의 선구자인 리처드 트레비식이 템즈강 아래에 터널을 뚫기 위한 시도를 했지만, 유난히 어려운 문제가 많았습니다. 터널은 **물에 잠긴 토사와 유사를 통과**해야 하는데, 특히 감조 하천의 수위가 높을 때는 물의 **엄청난 압력**을 뚫고 지나야 했습니다. 터널이 계속 오수로 침수되자 결국 포기할 수밖에 없었습니다.

터널 벌레

썩은 선박을 지켜보던 마크 브루넬은 목재를 파고드는 **좀조개**와 **배좀벌레조개**를 발견하고 돋보기로 들여다봤습니다. 그는 이 생물이 목재의 표면을 입으로 긁어 잘라내고, 발생한 톱밥을 뒤로 보내면서 내벽에 굳는 액체를 발라 터널을 만드는 과정을 보았습니다. 이 방법을 차용해 터널링 쉴드를 발명해내었습니다.

토목공학

쉴드

브루넬은 **금속 지붕과 여러 구획으로 나뉜 금속 프레임(쉴드)**을 제작하는 기발한 아이디어를 냈습니다. 각 구획은 터널을 뚫을 젖은 땅의 붕괴를 막을 수 있도록 앞에 방토판을 밀봉하였고 잭(무거운 물건을 들거나 밀 때 사용하는 기계)을 이용하여 앞으로 움직였습니다.

각 구획마다 광부가 한 명씩 투입되었는데, 먼저 구획의 방토판을 제거한 뒤, 상자 모양으로 구멍을 몇 인치 뚫은 후 다시 방토판으로 밀어나가는 방식으로 터널을 뚫었습니다. 모든 구획의 작업이 진행되고 나면, 잭을 이용해 다시 앞으로 움직여 쉴드가 터널을 뚫은 만큼을 이동했습니다. 그 즉시, 벽돌공들이 빠르게 터널 내부에 벽돌을 쌓았습니다.

느린 작업

브루넬은 1825년 작업에 착수했는데, 쉴드가 제대로 운용되었음에도 불구하고 프로젝트는 여전히 위험했습니다.

홍수로 인해 6명의 광부가 사망하면서 7년간 중단되었고, 마침내 1841년이 되어서야 완성되었습니다.

콘크리트

콘크리트는 주조와 성형이 가능한 인공 암석입니다.
주로 다른 건축 자재를 결합하는 데 사용됩니다.

콘크리트 만들기

콘크리트는 모래, 물, 시멘트(결합제, 현재
는 일반적으로 포틀랜드 시멘트)를 혼합해
서 만든 모르타르와 단단한 재료(골재라고
알려진 재료, 일반적으로 쇄석)를 혼합하여
만듭니다.

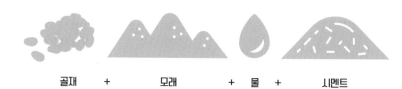

골재 + 모래 + 물 + 시멘트

로마의 콘크리트 건물

로마인들은 느리게 건조되는 시멘트를 만드는
방법을 알게 된 후 판테온과 도무스 아우레아와
같은 거대한 돔을 포함하여 놀라운 콘크리트 구
조물들을 건축했습니다. 거대한 실내 공간을 만
들 수 있었습니다.

로마의 콘크리트

로마인은 모르타르에 석회와 포졸란을 섞
어, 오푸스케멘티시움이라는 콘크리트를
만들었습니다.

철근

콘크리트를 강화하는 최초의 실험은 19세
기 초에 실행됐습니다. **빅토리아풍 글라스
하우스 건축**의 선구자인 존 루돈은 1832년
철근 강화 콘크리트 바닥에 사용되는 철근
의 쓰임새에 관해 기록했습니다. 다른 이
들은 **와이어 메시(철망)**를 사용하던 시대
였습니다. 오늘날 철근 콘크리트는 **철골**로
만들어져 **거대한 압축 및 인장 하중을** 견
딜 수 있으며, **내화성**이 뛰어납니다.

장력과 압축력

콘크리트는 **압축에는 강하지만 장력에 약
합니다.** 빔 같은 구성요소에 콘크리트를
사용하려면 보강을 해야 합니다.

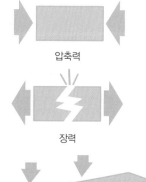

압축력

장력

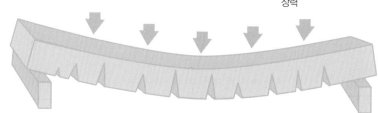

구부러질 때 인장력으로 인해 콘크리트 판 바닥이 부러집니다.

토목공학

베서머의 컨버터

강철은 19세기 후반에서 20세기 사이 가장 중요한 공학 재료였지만, 공학자가 안정적이고
저렴하게 만들 수 있도록 개선한 후에야 비로소 많은 곳에서 사용이 가능했습니다.

- 기원전 1000년경 고대에는 강철이 한정 수량으로 생산됨
- 기원전 500년경 톨레도 강철의 생산
- 서기 800년경 수입한 아시아 강철로 다마스쿠스 강철을 생산함
- 1100년경 중국에서는 용광로로 강철을 생산함
- 1856년 베서머가 변환 프로세스에 관해 알림
- 1859년 베서머가 제철소를 설립함

탄소 함유량

강철은 **철과 탄소**(중량당 0.1~1%)의 합금으로, 때로는 망간 같은 다른 성분을 함유합니다. 철의 표면에 탄소를 첨가하는 것을 침탄이라고 합니다. 고대의 대장장이들은 숯으로 철을 가열하는 것으로 침탄할 수 있었지만, 그 공정을 제어하거나 조정하지는 못했습니다.

완벽한 균형

탄소는 **철 원자의 결정 구조**를 변화시켜 더 단단하게 하고 **인장 강도**를 증가시키는 반면 **취성★**을 증가시킵니다(**연성★이 줄어듦**). 공학자들은 **인장 강도와 연성의 균형**을 맞춰야 합니다. 일반적으로 탄소가 0.15~0.4%인 강철을 사용합니다.

베서머

헨리 베서머는 새로운 유형의 총을 설계했는데, 이를 강철로 주조하고 싶어 했습니다. 그는 쇳물을 녹일 때 사용하는 커다란 도가니를 떠올렸습니다. 뜨거운 압축 공기로 도가니를 가열하면 철의 취성을 높이는 불순물을 태워버릴 수 있을 거라고 생각했습니다. 이게 바로 컨버터입니다.

불순물

19세기 중반, 강철은 생산이 한정적이라 매우 비쌌습니다. 따라서 나이프나 포크, 숟가락 등 크기가 작은 품목들이 주로 생산됐습니다.

대체 재료인 단철도 주철(선철)로 힘들게 정제해야 했기 때문에 비용이 많이 들었으며, 불순물이 포함되어 부서지기도 쉬웠습니다.

★ 취성 : 외부에서 힘을 받았을 때 물체가 변형이 아닌 파괴되는 현상
★ 연성 : 외부에서 힘을 받았을 때 부서지지 아니하고 가늘고 길게 늘어나는 성질

슬래그(용재)

뜨거운 압축 공기

주철

토목공학

조셉 배젤제트 경

배젤제트는 오늘날에 사용되는 하수구를 설계했습니다.
런던의 하수 문제를 해결했고, 이것이 곧 콜레라를 제거하는 데 중요한 역할을 했습니다.

- **1819년 3월 28일** 출생

- **1840년** 런던의 인구가 250만 명으로 증가하여 변소에서 오물이 넘쳐 도로와 강에 퍼짐

- **1849년** 배젤제트가 시의 수도위원회 보조검사원으로 임명됨

- **1853~54년** 콜레라 유행병으로 런던에서 10,000명이 사망함

- **1856년** 배젤제트를 책임엔지니어로 하는 시 작업위원회가 설립됨

- **1858년** 무더운 날씨와 넘치는 하수로 런던의 삶이 피폐해짐. 영국의 화학자이자 물리학자인 마이클 패러데이가 "악취가 심했고, 강 전체가 하수구 그 자체였습니다."라고 타임즈에서 회고함

- **1858년** 국회에서 엄청난 악취의 해결을 위해 시 작업위원회에 300만 파운드를 주며 하수도관 건설을 요청함

- **1874년** 기사 작위를 받음

- **1891년 3월 15일** 사망

배젤제트의 하수도

초기의 하수도는 대부분 벽돌로 지어졌지만, 배젤제트는 콘크리트를 건축자재로 사용하는 선구적인 공학자 중 한 명이었습니다.

템즈강 북쪽의 애비 밀스와 남쪽의 크로스니스에 있는 양수장에서는 하수도가 내리막을 따라 동쪽으로 흐르도록 했습니다.

배젤제트는 경사진 진흙 강둑에 주요 하수도와 지하철도가 포함된 빅토리아, 앨버트, 첼시 제방을 쌓았습니다.

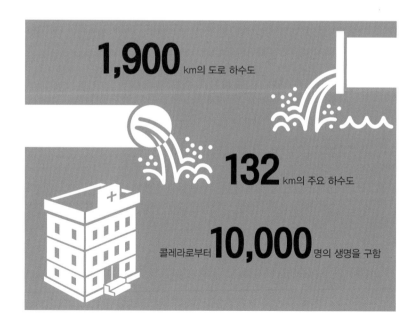

1,900 km의 도로 하수도

132 km의 주요 하수도

콜레라로부터 **10,000** 명의 생명을 구함

고층 건물

'다양한 건축 자재와 기술'이라는 주요 과제들이 해결된 후에야
고층 건물을 건설할 수 있었습니다.

하늘이 한계점일까요?

건물의 높이는 막대한 하중을 견딜 수 있는 강한 재료, 하중에 대처할 수 있는 구조 설계, 엄청난 건축 자재 비용, 사용자가 올라갈 계단의 수 등 여러가지 요인에 의해 제한됩니다.

산업 건설

교량과 공장 건설을 위해 발전된 '벽보다는 뼈대를 우선'하는 전략은 산업 건설의 많은 문제점들을 해결했습니다.

더불어, 표준화된 구성요소를 쉽고 빠르게 반복 가능한 단계로 조합함으로써 많은 구조물을 빠르고도 저렴하게 건설할 수 있었습니다.

가격은 옳아요

목재나 벽돌 같은 재료로도 초고층 빌딩을 설계할 수는 있지만, 가볍고 저렴한 부품과 조합하여 큰 하중을 견딜 수 있는 강철을 사용하는 것보다 엄청난 비용이 발생합니다. 표준 크기의 콘크리트 패널과 강철 빔 등을 사전 제작하여 저렴하게 대량 제조할 수 있기 때문입니다.

메탈 프레임

벽은 전통적으로 구조물의 하중을 견디는 요소인데, 고층 건물 설계에서는 이러한 발상을 완전히 뒤엎었습니다. 하중을 견디는 요소로 메탈 프레임(건물의 골격)을 사용하며, 벽은 그저 커튼처럼 매달려 있는 방식이라 '커튼 월(칸막이 구실만 하고 하중은 지지하지 않는 바깥 벽)' 즉, 외벽이라고 부릅니다.

위로 올라갑니다

층이 많아지면 사람들이 걸어서 오르락내리락 하기 힘들기 때문에, 고층 건물이 실용적으로 사용되기 위해서는 엘리베이터가 필요했습니다. 엘리베이터가 설치된 최초의 사무실 건물은 1870년 뉴욕에 건설된 에쿼터블 생명보험 빌딩이었는데, 당연하게도 이 건물은 최초의 고층 건물로 널리 알려져 있습니다.

에펠탑

에펠탑은 공학의 경이로운 개념과 기술을 볼 수 있는 구조물입니다.
프랑스혁명 100년 후, 파리에서 개최한 1889년 국제박람회를 축하하는 계획의 일환으로 건설되었습니다.

공학자 에펠

에펠은 에펠탑 공학자로 가장 잘 알려져 있지만, **자유의 여신상 내부의 철 골격**을 포함하여 많은 중요한 **교량**과 구조물들을 건설하였습니다.

철탑

에펠과 함께 일한 모리스 쾨클랭과 에밀 누지에는 4개의 기둥으로 된 격자무늬 철제 대들보를 꼭대기에서 한데 모으는 **철탑 형태의 구조물**을 고안했습니다. **뉴욕의 래팅 전망대**에서 설계의 영감을 얻었습니다.

본래의 설계

초기 설계에는 **기념비적 아치**, 층마다 설치된 **유리벽으로 된 홀**, 그리고 **전구 모양**으로 설계한 **꼭대기 부분** 등 여러 가지 **건축적 요소**를 포함하고자 했습니다.

고정하기

탑의 금속 조각들을 리벳으로 고정했습니다. 볼트의 역할과 유사합니다. 삽입하기 전에 가열하여 팽창시킨 후 부드럽게 만들고, 고정할 자리에 놓은 후 양쪽 끝을 구부려 평평하게 한 뒤 식히면 수축하면서 연결된 조각들을 잡아당깁니다. 에펠탑에는 총 250만 개의 리벳이 사용됐습니다.

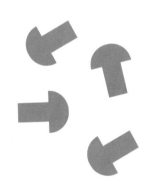

정밀 공학

파리 외곽의 작업장에서 탑에 사용된 부품 중 일부를 사전 제작했습니다. 18,038개의 금속 부품이며 10분의 1mm의 정확도로 설계되어 5m 길이로 제작했습니다. 제작 후에는 150~300명의 노동자들이 현장으로 운송했습니다.

연철

에펠은 **강철과 비슷한 특성과 이점을** 가진, **연철** 작업의 전문가였습니다.

빠른 작업

1887년 1월 28일 **착공**하여 1889년 3월 31일 탑이 완공되었으므로, 탑을 **짓는데 고작 2년 2개월 5일**이 소요되었습니다.

숫자로 보는 에펠탑

- 높이 : 342m(84층 정도의 높이)
- 바닥에서의 양쪽 끝 길이 : 125m
- 무게 : 7,300톤
- 사용된 페인트의 양 : 60톤
- 엘리베이터 수 : 5

영불해협터널(채널 터널)

세계에서 가장 긴 해저터널인 영불해협터널은 영국해협 아래에서 영국과 프랑스 사이를 연결합니다.
이는 200년이 넘는 꿈을 현실화 한 것이었습니다.

- 1802년 프랑스 공학자 알베르 마튜가 중간에 말이 쉴 수 있도록 섬과 섬 사이의 해협 아래를 지나는 터널을 제안함

- 1872년 철도의 등장으로 이 프로젝트의 실현 가능성이 높아졌고, 영국해협회사가 세워짐

- 1881년 라이벌인 남동회사가 세워짐

- 1882년 도버해협에서 터널을 뚫기 시작함

- 1883년 터널 뚫기가 중단됨

- 1966년 프랑스와 영국의 지도자들이 두 나라 사이를 잇는 운송로를 건설하는 것에 정식으로 서약함

- 1988년 두 나라에서 동시에 터널을 뚫기 시작함

- 1990년 터널이 연결됨

- 1991년 터널이 완공됨

- 1994년 프랑수아 미테랑 대통령과 엘리자베스 2세 여왕이 5월에 공식 개회를 선언함. 11월부터 보행자들이 터널을 이용함.

세 개가 하나로

실제로는 **3개의 구간**이 있는데, 2개의 대형 철도 터널(7.6m 너비)와 그 사이에 1개의 작은 **서비스 터널**입니다.

백악을 따라서

해협 아래에 **안정적인 암석인 백악암**(백색 연토질의 석회암)이 있어. **그 층을 벗어나지 않기 위해** 상하좌우로 구부러진 모습으로 터널이 건설되었습니다. 해저까지의 평균 깊이는 45m입니다.

교통 체증

이 터널에는 하루에 **400대의 열차**가 지나갔는데. 평균적으로 **50,000명의 승객. 6,000대의 차량. 그리고 54,000톤의 화물**을 운송했습니다.

완공을 위한 작업

총 11개의 터널굴착기(TBM: Tunnel Boring Machine)가 사용되었는데. 프랑스 측에서 5대, 영국 측에서 6대였습니다. **땅이 축축한 프랑스 측의 작업이 더뎠습니다.** 터널의 붕괴나 누수를 막기 위해 블록 형태의 콘크리트 고리와 주철 세그먼트(콘크리트의 복공재)를 볼트로 연결했습니다.

시간 절약

영국과 프랑스의 가장 가까운 땅의 거리는 34km 정도인데, 3개 터널의 길이는 56km입니다. 터널이 포크스턴과 칼레의 내륙 터미널을 연결하기 때문입니다. 터널 건설 이전에는 **기차와 페리**를 이용해 런던에서 파리로 갈 때 **6~7시간**이 걸렸었는데. **터널을 통한 기차 여행은 2시간 반**이면 충분했습니다.

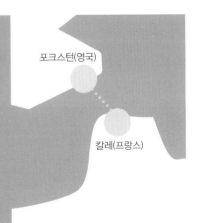

포크스턴(영국)

칼레(프랑스)

피사의 사탑 구하기

피사 대성당의 기울어진 종탑인 피사의 사탑이 1990년에 무너질 위험에 처했었습니다.
공학자들은 이 상징적인 건물을 구하기 위해 모여들었습니다.

탑의 높이는 56m이며, 중심축으로부터 약 5.5°로 기울어져 있다.

움직이는 땅

착공은 1173년이었으나 1372년이 되어서야 완공되었습니다. **착공한지 5년 후** 작업자들이 2층을 지을 무렵, 3미터 깊이밖에 안되는 **얕고 불안정한 지반 토질**에 의해서 **탑이 남쪽으로 기울기 시작했습니다.**

상쇄

건축업자들은 탑이 계속 남쪽으로 기우는 것을 보완하기 위해 층을 지을 때 남쪽보다 북쪽의 벽을 더 짧게 지었습니다. 이는 무게 중심을 북쪽으로 두기 위한 결정이었습니다.

구조대

1990년 탑이 붕괴될 뻔 했을 때, 이탈리아 정부는 탑을 보강하기 위해 영국의 공학자 존 벌란드가 이끄는 팀을 위원회로 임명했습니다. 이들은 아주 간단한 방식으로 해결했는데, 북쪽 지반의 땅을 파내어 땅의 균형을 맞추고 탑의 하부 주위를 강철 케이블로 묶어 안정적으로 고정했습니다.
탑의 하중으로 인해 밀도가 낮은 북쪽 토양이 다져지게 되었고, 2001년에는 탑이 약 15인치 가량 바로 세워지게 되었습니다.

아직 진행 중

보수공사의 부작용 때문인지, 2013년에는 저절로 탑이 1인치 가량 바로 세워진 것이 확인되었습니다. 앞으로도 천천히 조금씩 바로 세워질 것으로 예상되므로 앞으로 수백 년간은 안전할 것입니다.

바퀴

바퀴는 기원전 4세기 초에 서아시아에서 등장한 혁신적인 기술입니다.
공학적으로 꾸준히 개선되었습니다.

바퀴의 진화

바퀴는 캡티브 롤러에서 진화했습니다. 캡티브 롤러는 마찰을 줄이기 위해 썰매 아래에 놓인 원형의 통나무로, 나무로 된 못이나 핀으로 고정했습니다. 이 롤러는 양쪽 끝에 단단한 나무 판(디스크)을 부착한 차축으로 발전하여 전체 조립품이 회전하는 방식으로 개선되었습니다.

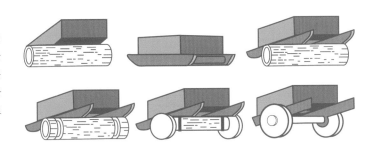

린치핀과 네이브

기원전 3천 년부터 차축을 중심으로 회전하도록 차축을 마차에 고정하는 것이 표준이 되었습니다. 차축 끝단에 바퀴를 린치핀으로 고정했습니다. 차축이 통과하는 바퀴 부분을 바퀴통(네이브)이라고 합니다.

무게를 가볍게

통바퀴는 너무 무거웠습니다. 바퀴 무게를 가볍게 하기 위한 첫 번째 시도는 바퀴의 일부분을 잘라 초승달 모양으로 만드는 것이었습니다. 나중에는 완전히 새로운 유형의 바퀴가 개발되었는데, 구부러진 목재로 만든 바퀴테(림)를 바퀴살로 바퀴통에 연결했습니다.

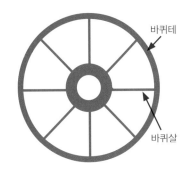

바퀴테

바퀴살

거리 부스터

사람은 도보로 하루에 약 50km를 이동할 수 있는데, 짐이 없을 때의 이야기입니다. 무거운 짐을 나르는 말은 하루 8시간 동안 25km 정도를 이동할 수 있으며, 바퀴가 달린 수레를 사용한다면 두 배의 짐을 지고서 전보다 5km나 더 멀리 운반할 수 있습니다.

바퀴의 미스터리

바퀴라는 개념을 콜럼버스 이전의 미국인들이 누구보다 먼저 알고 있었지만, 그저 장난감의 의미였습니다. 어떤 이유에서인지 그들은 바퀴가 달린 차량을 개발하지 않았습니다.

운하와 갑문

운하와 갑문은 관개와 배수의 내수 운송을 위해 물을 제어하는 수로입니다.

파운드와 레벨

두 갑문 사이에 갇힌, 밀폐된 구간의 물을 **파운드**, **리치**, **레벨**이라고 부릅니다. 서밋 파운드는 운하에서 가장 높은 지점에 위치하며, 수위가 항상 가득히 유지되도록 특별한 조치가 필요합니다. 섬프 파운드는 가장 낮은 위치에 있으며, 락 파운드는 비교적 짧은 구간에 위치한 갑문 사이의 물을 의미합니다.

★ 비실 : 갑문짝의 개폐를 위해 필요한 갑문의 앞부분

파운드 갑문

14세기경 유럽에 도입된 파운드 갑문은 두 개의 갑문 사이에 비실이 있는 형태입니다. 이 비실★은 에어로크와 같은 역할을 합니다.

배가 낮은 곳(언덕 아래)에서 높은 곳(언덕 위)으로 이동하는 상황을 가정합니다. 언덕 아래에 있는 첫 번째 갑문을 열어 비실에 축적된 갇혔있던 물이 흘러 배가 위치한 언덕 아래 파운드와 같은 수위를 유지하게 되며 배가 떠오르게 됩니다. 그다음 물의 흐름을 방지하기 위해 갑문을 닫은 뒤, 언덕 위에서 이어지는 두 번째 갑문을 열게 되면 비교적 높은 수위의 물이 비실로 흘러들어와 높아진 수위만큼 배가 더 떠오르게 됩니다.

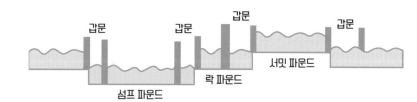

갑문의 종류

- **단비실 갑문** : 단일 비실을 가진 양쪽 끝에 문이 있는 형태
- **넓은 갑문** : 두 개의 보트가 한 번에 지날 수 있을만큼 넓은 단비실 갑문
- **복비실 갑문** : 단비실 갑문이 양쪽에 하나씩 있는 형태
- **정지 갑문** : 운하의 흐름을 완전히 차단하는 갑문으로 경쟁 운하 회사가 물을 훔치는 것을 방지하는데 사용됨
- **기요틴 갑문** : 양 옆이 아니라 위아래로 열리는 갑문으로 공간이 좁은 곳에서 사용됨
- **계단식 갑문/층계** : 운하가 가파른 경사면을 오를 수 있도록 돕는 갑문. 계단식은 각각의 갑문 양쪽에 비실을 거느린 형태이고, 층계는 각각의 문 사이에 파운드가 있는 형태

도로

문명화 이전의 선사 시대에 놓인 도로들은 인간이 수행한 초기의 토목공학 작품입니다.

기원전 5000년경 신석기시대 유럽에서 산등성이에 도로를 사용함

기원전 4000년 고대유적인 우르에서 돌길을 사용함

기원전 4000년 영국 글래스턴베리에 가로로 설치된 통나무 길이 있음

기원전 4000년 인더스밸리의 모헨조다로에서 부숴진 도자기를 이용해 도로를 포장함

기원전 2600년경 이집트에서 최초의 포장도로를 건설함

기원전 600년경 코린트지협을 가로지르는 화물선이 지날 수 있는 돌길인 디올코스를 건설함

기원전 500년경 페르시아에서 로얄로드를 건설함

기원전 312년 고대 로마의 가장 오래되고 유명한 도로인 아피아 가도를 신축 공사함

서기 50년경 로마 제국의 황제 클라우디우스가 영국과 로마를 잇는 도로를 건설함

서기 9세기 칼리프가 이슬람 땅을 가로지르는 도로를 건설함

서기 12세기 중세시대 유럽인이 지역도로 네트워크를 개발함

15세기 잉카로드 네트워크가 개발됨

1770년경 프랑스 공학자 피에르 마리 제롬 트레사게가 과학적인 도로배치 시스템을 개발함

1811년 스코틀랜드 공학자 존 맥아담이 도로배치 원칙 '맥아다마이징(도로에 자갈을 까는 것)'을 개발함

1848년 타르 머캐덤*을 사용하기 시작함

1858년 파리에 아스팔트가 도입됨

로마의 도로 건설

로마에서는 도로를 3개의 등급으로 분류했습니다.

- 비아 테레나 : 포장된 흙을 사용함
- 비아 글라레타 : 포장된 흙 위에 자갈을 사용함. 때로는 판돌을 올려놓음
- 비아 무니타 : 깊은 도랑을 각기 다른 품질의 돌과 자갈로 층을 만들어 메꾼 뒤, 판돌을 잘라 가로 눕힌 캠버*를 만들어 덮고 가장자리를 포장함

고대 로마의 도로 단면도

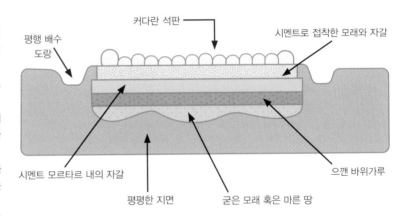

평행 배수 도랑

커다란 석판

시멘트로 접착한 모래와 자갈

시멘트 모르타르 내의 자갈

평평한 지면

굳은 모래 혹은 마른 땅

으깬 바위가루

더 나은 도로

존 맥아담 같은 공학자들이 도로건설 방식을 개선하면서 도로의 효율이 매우 좋아졌습니다. 런던에서 에든버러까지 이동할 때 1754년에는 열흘이 걸렸는데, 1832년에는 42시간 남짓이 되었습니다.

★ 타르 머캐덤 : 포장 공사에서 표층에 포장 타르를 결합재로 하는 침수식 공법
★ 캠버 : 물이 바깥쪽으로 흐르도록 도로 등의 중앙 부분을 약간 볼록하게 한 것

선박

물 위로 짐을 운반하고 파도와 바람에 대처할 수 있는 선박의 핵심은 공학입니다.

- 기원전 800,000년경 호모 에렉투스가 뗏목과 카누를 만들면서부터 인류가 해상을 탐험하기 시작함
- 기원전 10,000년경 카스피해 근처에서 20명의 남자가 탄 갈대배를 묘사한 선사시대의 암각화가 발견됨
- 기원전 8000년경 현존하는 가장 오래된 보트 – 뻬세 통나무 카누(the Pesse dugout canoe)

- 기원전 4000년경 나일강에서 대형 갈대배 발견
- 기원전 3000년경 금속 공구를 사용하면서 더 큰 선박을 만들 수 있는 널빤지를 생산함
- 기원전 2500년경 이집트인이 원양항해를 목적으로 목조 선박을 건조함
- 기원전 1550년경 페니키아인이 고대 그리스와 로마 시대 때 노예들이 노를 젓게 한 배인 갤리선을 개발함
- 기원전 200년경 중국에서 사각형 돛을 달고 바닥이 평평한 배인 정크를 개발함
- 750년경 바이킹이 쓰던 좁고 긴 배인 롱쉽의 등장

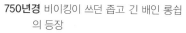

- 1000년경 폴리네시아인이 아웃리거 카누를 타고 다니며 태평양 군도를 식민지화함
- 1400년경 포르투갈인이 작은 범선인 캐러벨을 개발함
- 1500년경 돛대가 셋인 무장선, 카라크를 항해에 사용함
- 1769년 돛대가 둘 이상인 범선, 스쿠너의 등장
- 1774년 구식 증기선의 일종인 외륜선의 등장
- 1802년 상업용 외륜선 등장
- 1830년경 쾌속 범선 등장
- 1843년 철제 증기선인 SS 그레이트브리튼 건조

- 1859년 철갑을 두른 전함 등장
- 1886년 유조선 등장
- 1906년 영국 해군이 건조한 HMS 드레드노트가 매우 강력하여 '드레드노트 시대'가 열림
- 1918년 항공 모함의 등장
- 1951년 특수 목적 컨테이너선의 등장
- 1955년 호버크래프트 등장

카벨식 VS 클링커식

고대에는 **두 가지 중요한 특징**으로 지중해와 북유럽 선박을 **구별했습니다.**

비교적 잔잔한 지중해의 선박은 널빤지를 가장자리까지 붙여 매끄럽게 만드는 **카벨식 이음**을 적용했고, 북유럽 선박은 거친 바다에 대처하기 위해 널빤지를 겹치는 방식인 **클링커식 이음**을 적용했습니다.

지중해 선박은 뚜렷한 뱃머리와 선미를 갖고 있고, 북유럽 선박은 양쪽 끝이 비슷한 윤곽으로 되어있어 **바람의 방향이 어디로 변하든 항해할 수 있었습니다.**

컨테이너선

컨테이너선은 화물 수송 목적으로 규격화되어 적재와 하역은 물론, 도로와 철도 운송 업체로의 운반이 용이하도록 설계된 컨테이너를 운반합니다. 오늘날에는 더 많은 양의 화물을 운반하기 위해 최소한의 승무원(자동 장치 및 로봇)이 탑승하여 운송 비용이 더욱더 경제적이게 되었습니다. 컨테이너 선의 크기도 많이 커졌습니다.

유조선

유조선은 석유 등의 액체화물을 운반하기 위해 내부가 여러 개의 탱크로 나뉘어 있습니다. 많은 양의 화물을 싣기 위해 내부의 구조물과 승무원은 최소한으로 유지합니다.

잠수함

아리스토텔레스 시대부터 물속에서 머무는 선박은 꿈 같은 이야기였습니다.
수중을 여행하는 알렉산더 대왕의 이야기가 잠수함을 만들려는 시도를 고무시켰습니다.

- 기원전 330년경 아리스토텔레스가 간단한 잠수종에 관한 글을 씀

- 1500년 레오나르도 다 빈치가 '침몰하는' 잠수정에 관한 스케치를 함

- 1578년 영국의 수학자인 윌리엄 본이 잠수 장치를 설계함

- 1620년 네덜란드 발명가 코르넬리스 드레벨이 노로 젓는 잠수함의 작동법을 보여줌

- 1864년 연맹군의 CSS 헌리 잠수함이 적의 선박을 침몰시킴

- 1898년 미국 공학자인 사이먼 레이크의 아르고노트호가 최초로 공해상에서의 잠수를 성공함

- 1954년 원자력을 동력으로 하는 잠수함인 USS 노틸러스의 시운전

- 2012년 제임스 카메론 감독의 딥씨 챌린저호가 마리아나 해구 바닥까지 잠수에 성공함

잠수정 VS 잠수함

진정한 잠수함은 지면으로부터의 어떠한 지지 없이 완전히 독립적이며, **연료 보급을 위해서만 주기적으로 떠오릅니다.** 잠수함의 역사적인 사례로 소개되는 것들이 실제로는 잠수정의 사례입니다. 공기나 전력 등을 공급받기 위해 지면과의 연결에 의존하는 선박들입니다.

부력의 원리

잠수함 설계에 가장 중요한 원리는 부력인데, 이는 물체가 밀어낸 물의 부피보다 더 무거울 때만 가라앉는 것을 의미합니다. 잠수함은 언제든 다시 떠오를 수 있도록 **잠수함의 부력을 조절**할 수 있어야 합니다. 이를 위해서 **무게나 부피를 변경할 수 있는 방법이 필요합니다.**

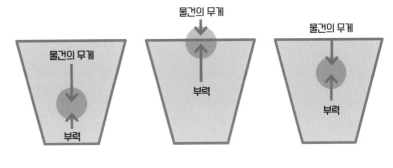

드레벨 잠수함

네덜란드의 발명가 코르넬리스 드레벨이 잠수함이라 불릴 선박을 설계했다고 공표했는데, 단지 전진할 때 잠수할 수 있도록 각진 뱃머리에 덮개가 달린 노로 젓는 보트일 뿐이었습니다.

잠수종의 원리

잠수종(Diving Bell)은 바가지를 뒤집은 채로 물에 넣으면, 갇힌 공기가 밖으로 빠져나가지 못해 안에서 에어포켓이 형성되는 것과 같은 원리로 작동합니다. 초기의 잠수종은 공기 공급을 받을 수 없어서 산소 고갈, 이산화탄소의 축적, 열 및 습도 등의 많은 문제에 직면해야 했습니다. 또한, 보일의 법칙에 따라 수압이 잠수종의 공기를 압축하여 부력의 부피를 감소시키기 때문에 더 깊은 곳으로 잠수하려면 잠수종이 더 무거워야만 했습니다.

증기선

18세기 후반까지 증기기관은 광산업 용도로만 사용되는 거대하고 느릿한 기계였습니다.
그러나 제임스 와트가 개척한 새로운 기관이 엄청난 혁신을 불러왔습니다.
이 혁신의 혜택을 해양 공학자들도 받았을까요?

- **1783년** 마퀴스 드 주프루아 다방이 최초의 증기선인 싸이로스케프(Py-roscaphe)를 건조함

- **1790년** 미국의 발명가 존 피치가 미국에서 최초로 증기선을 운행함

- **1801년** 스코틀랜드 공학자 윌리엄 사이밍턴이 하천용의 작은 선박인 샤롯 던다스에 동력을 공급할 증기기관을 개발함

- **1815년** 세계 최초의 증기군함인 USS 데몰로고스 건조

- **1819년** 증기기관과 외륜이 달린 범선인 사바나호가 최초로 대서양을 횡단한 증기선이 됨

- **1840년** SS 그레이트 브리튼호는 최초로 스크류 프로펠러를 사용함

- **1860년** SS 그레이트 이스턴호는 향후 47년 동안 가장 큰 여객선으로 남음

- **1884년** 해상 증기터빈의 발명

외륜 VS 스크류 프로펠러

외륜은 거의 40년 가까이 사용돼 온, 증기기관으로부터 동력을 공급받아 배를 운전하는 장치입니다. 단점이라면, 깊은 바다에서는 크게 들썩거리며 엔진을 물속에 빠뜨려 망가지게 했습니다.
영국의 토목/조선 기술자인 이점바드 킹덤 브루넬은 그레이트 브리튼호를 건조할 때 스크류 프로펠러를 도입하여 이 문제를 해결했습니다.

증기 카누

미국에서는 공학자 존 피치가 외륜과 스크류에 관한 대안을 고안했습니다. 그가 만든 증기선인 프리저버런스호는 양쪽의 크랭크에 노가 장착되어 카누처럼 보트를 젓는 형태였습니다. 추후에 존 피치는 오리발처럼 노를 젓는 후면 장착날로 전환하였습니다.

해양 공학자

증기선의 건조는 전통적인 선원을 대체하는 '해양 공학자'라는 새로운 종류의 공학자를 탄생시켰습니다. 돛과 밧줄을 사용하는 대신에 엔진을 정비하고 유지하는 일을 했습니다.

3단 팽창식

증기선박의 속도와 규모, 경제성은 1870년대에 도입된 3단 팽창식 엔진에 의해 완전히 바뀌었는데, 각기 다른 압력이 적용되는 3개의 실린더로 증기를 차례로 팽창시켜 피스톤을 구동하는 방식입니다. 높은 압력의 증기가 보일러를 통해 엔진으로 들어와서 3개의 실린더를 거쳐 응축기로 보내집니다. 증기로 프로펠러형 터빈의 회전을 구동하는 증기터빈의 도입으로 더 큰 효율과 전력공급이 가능해졌습니다.

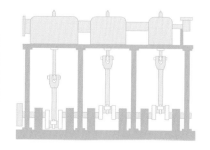

기관차

철도는 기관차 엔진 이전에도 존재했었지만,
선구적인 공학자들이 만든 증기기관 기술로 인해 크게 개선되었습니다.

1801년 콘월의 공학자 리처드 트레비식의 '퍼핑 데빌' 기관차는 6명의 승객을 태우고 캄본의 메인 스트리트를 운행함. 며칠 후 운전자가 보일러를 끄지 않은 상태로 술집에 들른 사이 엔진이 과열되어 고장남.

1804년 트레비식의 증기기관차 엔진은 머서티드빌의 페니다랜 제철소에서 평균 시속 8km의 속도로 10톤의 철과 70명의 승객을 태우고 거의 16km나 되는 거리를 전차 선로를 따라 이동함. 철도의 선로를 성공적으로 주행한 최초의 증기기관차.

1812년 영국 리즈 근처의 미들턴 선로에서는 증기기관차를 이용해 정기적으로 화물을 운송함

1813년 영국인 윌리엄 헤들리의 퍼핑 빌리호가 와일럼 탄광에서 석탄 마차를 운송하는 50년 간의 서비스를 시작함

1814년 영국의 발명가 조지 스티븐슨이 킬링워스 광산에서 선로를 따라 석탄을 운반하기 위해 증기기관차인 블뤼허호를 설계함

1825년 스톡턴과 달링턴 철도에 세계 최초의 여객 및 화물용 철도가 개통됨. 스티븐슨의 기관차인 로커모션 1호에는 "개인의 위험은 공공의 이익"이라는 깃발을 든 기수가 있었고, 객차는 엑스페리먼트라고 불렀음.

뛰지 말고 걸으세요

조지 스티븐슨의 로커모션 1호가 스톡턴–달링턴 철도를 처음으로 달릴 때, 평균 속도가 시속 13km였습니다. 달리는 사람의 평균 속도는 16~24km입니다.

증기 서커스

트레비식은 자신이 만든 증기기관차인 캐치미후캔을 홍보하려는 목적으로, 런던의 토링턴 스퀘어에 둥근 데모 트랙을 설치했습니다. 일종의 증기 서커스장이었습니다.

스티븐슨의 로켓

초기의 증기기관 중에서 가장 유명한 스티븐슨의 로켓은 두 가지 공학적 혁신을 갖고 있었습니다. 다중 보일러 파이프와 직접 구동입니다. 이로 인해 새로운 속도의 세계가 열렸습니다.

레인힐 트라이얼*에서 스티븐슨의 로켓은 최고 시속 48km를 달성했습니다.

레인힐 트라이얼

1829년, 여객 수송을 위한 디자인을 공모하는 경주 대회가 개최되었습니다. 몇 년을 스톡턴–달링턴 철도에서 화물을 운송하던 조지 스티븐슨도 여객 수송을 위해서는 새로운 디자인이 필요하다고 생각했고, 조지와 그의 아들 로버트가 디자인한 '로켓'으로 이 대회에서 우승했습니다.

직접 구동

예전의 기관차는 광산과 공장에서 사용하던 빔 엔진(초기 증기기관) 방식이었습니다. 빔 엔진은 실린더가 수직으로 되어 있고, 피스톤이 위에 연결된 수평 빔을 구동하여 상하로 움직이는 방식입니다. 스티븐슨의 로켓은 경사진 실린더가 바퀴를 직접 구동합니다. 이후, 이렇게 직접 구동하는 방식이 표준화가 되었지만, 실린더의 보다 순조로운 움직임을 위해서 결국에는 실린더를 수평으로 설계하게 되었습니다.

★ 레인힐 트라이얼 : 1829년 10월에 열린 증기기관차 경주 대회

더 나은 보일링

로켓은 다른 기관차들보다 월등히 빨랐는데, 더 많은 증기력을 만드는 혁신적인 보일러 덕분이었습니다. 이전의 증기기관 보일러는 1~2개의 넓은 철 파이프(약 30cm)를 이용해 뜨거운 가스를 물로 전달시켜 증기를 만들었는데, 로켓은 25개의 가느다란 구리 튜브(약 5cm)를 사용하여 열 전달률과 표면적을 크게 높였습니다.

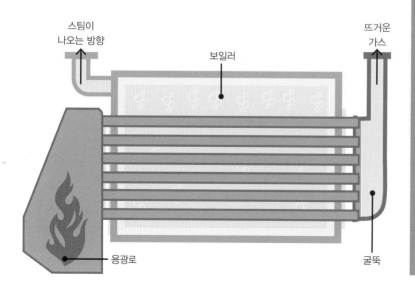

스팀이 나오는 방향

보일러

뜨거운 가스

용광로

굴뚝

바퀴? 4개도 좋지만, 6개는 더 좋습니다

로켓을 포함해 이전의 증기기관들은 모두 설계상의 결함을 갖고 있었습니다. 바퀴가 4개밖에 없었기 때문에 적정 속력에서도 마치 시소처럼 상하로 흔들렸습니다. 또한 기관이 무거워질수록 바퀴에 걸리는 부하가 증가했습니다.

이러한 문제를 해결하기 위해, 1833년 스티븐슨은 최초의 6륜 기관인 패런티를 출시했습니다.

버스(옴니버스)

사륜마차인 코치는 개인 용도 및 도시 간 여행에 사용되었지만,
대중교통을 위한 마차는 좀처럼 도입되지 않았습니다.

- 1662년 파리에서 대중교통 운송실험이 실패함
- 1816년 뉴욕의 맨해튼과 브루클린 사이에 승합 마차 서비스 도입
- 1826년 스탕니스라 보드리가 프랑스의 낭트에서 대중교통을 위한 마차 서비스 '옴니버스'를 개시
- 1829년 조지 쉴비어가 런던에서 옴니버스 서비스를 시작함
- 1830년 뉴욕에 옴니버스 서비스가 도입됨
- 1847년 최초의 이층 버스
- 1851년 런던 만국박람회가 버스 서비스의 수요를 높여, 등을 맞대고 앉는 좌석인 나이프보드 도입
- 1914년 런던의 마지막 마차 서비스
- 1956년 런던에 루트마스터 버스가 소개됨

모두를 위한

스탕니스라 보드리가 모든 계층이 이용할 수 있는 교통 시스템을 고안하여 '옴니버스(모두를 위한)'라고 이름짓고, 자신의 마차를 옴니버스라고 부르며 운행했습니다.

마차 좌석

표준형 옴니버스 마차는 12명이 정면을 바라보며 앉을 수 있는 좌석과 나이프보드라고 불리는 등을 대고 마주 앉는 5개의 좌석, 그리고 운전자 옆에 2개의 좌석이 있습니다. 천장을 뚫어 2층도 사용했는데, 처음에는 사다리였으나 계단으로 교체되면서 여성 승객들도 이용하기 시작했습니다.

문을 열어라

루트마스터(2층 버스)는 승객이 어느 곳에서나 승/하차할 수 있도록 버스의 뒷부분을 개방하여 효율성을 개선했습니다. 정지하는 횟수를 줄이는 단순하면서도 독창적인 전략입니다.

교통공학

루트마스터의 혁신

루트마스터는 가장 유명한 버스로 제2차 세계대전 이후 설계되어 런던을 주행한 2층 버스입니다. 공학자들은 승객 수용인원을 줄이지 않으면서도 이전 모델들보다 가벼워 연료 효율이 좋은 버스를 설계하려 했습니다. 전시에 사용되는 항공기를 위해 개발한 경량 알루미늄 건조법을 버스에 적용해 무게를 크게 줄이면서 혁신을 이뤄냈습니다. 루트마스터는 독립된 전면 서스펜션, 파워 스티어링, 전자동 변속 장치, 동력식 제동장치를 갖춘 최초의 버스입니다.

이점바드 킹덤 브루넬

공학자인 마크 브루넬의 아들인 이점바드 킹덤은
교량, 철도, 증기선 관련한 공학 분야에서 가장 큰 성과를 거둔 사람 중 한 명입니다.

습식 작업

1825년 이점바드에게 주어진 **첫 번째 일**은
아버지인 마크 브루넬의 **터널링 쉴드**로 굴
착하는 **템즈 터널**을 감독하는 일이었습니
다. 1828년 **터널이 침수**되었을 때 **거의 익
사**할 뻔했었습니다.

클리프턴 현수교

이점바드는 브리스톨의 클리프턴 협곡을
건너는 **교량 디자인을 제출하여 우승했습
니다**. 그 디자인으로 1831년부터 공사가 시
작되었지만, 1864년이 되어서야 개교했습
니다. 클리프턴 현수교는 오늘날까지도 상
징적인 구조물입니다.

철선

1843년에 이점바드가 철제 증기선
인 **SS 그레이트브리튼호**를 건조했
습니다. 이전의 **그레이트웨스턴호**
가 그랬던 것처럼 출시 당시 가장
큰 증기선이었습니다. 노 대신에
스크류 프로펠러를 사용한 최초의
증기선이며 수십 년 동안 운행됐습
니다.

서쪽으로 가다

1833년에 이점바드는 런던과 브리스톨 사
이에 새로운 철도 노선인 그레이트웨스턴
노선을 건설해달라는 요청을 받았습니다.
그는 경로를 조사하여 190km의 선로 배치
를 감독했으며 레일, 터널, 다리, 역, 신호,
정거장 가로등을 설계했습니다.

더 서쪽으로 가다

1835년 이점바드는 그레이트웨스턴 노선
을 만들면서 육지만이 아니라 대서양을 가
로지르는 방법도 필요하다고 제안했습니
다. 그렇게 증기만으로 횡단할 수 있는 최
초의 증기선을 건설하도록 임명되었는데,
당시에 횡단을 위해서는 **석탄이 반드시 필
요하다는 의견**이 대두되었으나 1838년의
SS 그레이트웨스턴호가 **그럴 필요 없다는
것을 증명**했습니다.

가장 커다란

이점바드의 최종 프로젝
트는 그레이트브리튼호
보다 거의 10배나 더 무
거운 증기선인 **그레이트
이스턴호**를 건조하는 것이었습니다.

오스트레일리아까지 도달하기에 충분한
양의 석탄을 실을 수 있고, 외벽을 이중으
로 만들어 가라앉지 않도록 설계했습니다.
하지만 프로젝트에 계속해서 차질이 생겼
고, 1858년 최초 항해 이틀 전에 치명적인
뇌졸중으로 쓰러졌습니다. 오늘날까지 모
든 대형 정기선의 모델이었습니다.

자전거

운전자가 직접 추진하는 이륜차인 자전거는
1880년대 이후로 기본 디자인이 거의 바뀌지 않을 정도로 아주 훌륭한 공학물입니다.

- 1790년경 목마 같은 형태의 이륜차가 최초로 등장함
- 1817년 '댄디-호스'와 '스위프트-워커' 등 조종 가능한 자전거의 출현
- 1839년 최초의 페달 자전거
- 1861년 '본쉐이커', 페달이 앞바퀴에 있는 초기의 자전거(두 발로 땅을 차서 달림)
- 1871년 페니파딩(앞바퀴는 아주 크고 뒷바퀴는 아주 작았던 초창기의 자전거)
- 1873년 체인 구동의 발명
- 1885년 현재의 세이프티 자전거 (지금의 보통 자전거)

기반을 닦다

자전거 제조업체의 **조립 라인, 계획적 진부화, 판매방식과** 같은 기술이 **자동차 업체에도 적용**되면서 자전거 공학과 제조 기술이 자동차 산업에 많은 영향을 끼쳤습니다. 자전거 단체가 요구한 양질의 도로와 효과적인 규제 덕분에 자동차의 사용이 늘어남에도 도로 이용에 문제가 없었습니다.

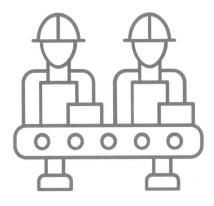

황금기

구동용 체인, 브레이크, 공압 타이어, 볼 베어링이 장착된 **세이프티 자전거는** 말이나 마차보다 **빠르면서도** 쉽고 안전하게 탈 수 있었습니다. 미국은 **'자전거의 황금기'**를 맞이했는데, 1887년의 **도로에는 10만대의 자전거가** 다녔고, 1896년에는 **4백만이** 넘게 늘었습니다.

사이클링의 심각한 문제

사이클링 열풍이 거세지면서 도덕적인 문제도 뒤따랐습니다. 여성들이 자전거를 탈 때 블루머(과거 여성이 운동을 하거나 자전거를 탈 때 입던. 무릎 부분을 조이게 만든 헐렁한 반바지)와 같은 대담한 옷차림으로 다녀 보수파들의 눈초리를 샀습니다.

또한, 자전거를 타다가 튀어나온 바닥에 걸리거나 덜컹거림에 넘어질 수 있다는 왜곡된 건강상의 위험과 같은 논란도 있었습니다.

엘리베이터

엘리베이터에 안전성을 더하는 일은 그 자체로 생명을 구하는 위대한 발명이었습니다.
건축과 도시생활과 부동산 가치에도 큰 영향을 미쳤습니다.

추락합니다

여객용 엘리베이터가 영국에는 1830년대,
미국에는 1840년대에 도입되었습니다. 종
종 밧줄이 끊어지면서 치명적인 사고가 발
생했습니다.

개선에 나선 오티스

1852년 공학자 **엘리샤 오티스**는 공장의 수
리를 맡고 있었는데, 노동자들이 **호이스
트 엘리베이터**를 멀리하는 것을 발견했습
니다. 그는 안전성을 개선하기로 결심하여
안전 엘리베이터를 발명하게 되었습니다.

상하 반전

엘리베이터의 출현은 **고층 건물의
부동산 가치를 반전**시켰습니다. 엘
리베이터가 생겨나기 전에는 올라가
기가 힘들었으므로 건물 꼭대기에
있는 방들이 **가장 저렴**했는데, 엘리
베이터 출현 후에는 **거리의 냄새와
소음**에서 멀리 떨어진 **최상층**이 가
장 값비싸졌습니다.

멈춤쇠

오티스의 혁신은 **엘리베이터 축** 양쪽에 **톱
니형 라쳇*바**를 설치하고, 엘리베이터에
톱니바퀴의 역회전을 막는 **멈춤쇠**를 설치
하여 **라쳇과 멈춤쇠가 맞물려 돌아가도록**
만든 것입니다. 엘리베이터를 지탱하는 케
이블이 고장나면, 멈춤쇠가 양쪽으로 튀어
나와 엘리베이터를 **정지**시킵니다.

★ **라쳇** : 한쪽 방향으로만 회전하는
　　　톱니바퀴

높은 장소

비록 엘리샤 오티스는 1861년 49세의 나이로 사망했지만, 그의 아들들이 회사를 설립하
여 1889년에는 파리의 **에펠탑**에, 1890년에는 **워싱턴 기념탑**에, 그리고 1913년에는 당시
세계에서 가장 높은 건물인 **울워스 빌딩 오티스 엘리베이터**를 설치했습니다.

전기철도

베르너 지멘스의 역학적 에너지와 전기적 에너지를 서로 변환하는 다이나모-일렉트릭 발전은
운송을 포함해 전력의 새로운 응용을 가능하게 했습니다.

깨끗한 동력

19세기 중반. 도시교통의 수요가 나날이 증가하여 기존의 교통수단인 말과 증기력으로는
버거워졌습니다. 말은 생물이라는 특성이 한계였고, 증기력은 너무 지저분하고 번거로웠
습니다. 반면에 전기모터는 전력이 충분하다면, 깨끗하면서도 다양한 동력을 제공할 수
있었습니다.

전기 실험

1835년에 교통에 활용하기 위한 전기모터
실험이 있었습니다. 미국의 토마스 데이븐
포트가 작은 전기기차로 운행을 시연한 것
입니다. 하지만, 이후로도 배터리 부족을
해결하지 못해서 1840년에 철도에 사용하
는 전류 공급 관련한 특허를 받았음에도
활용하지 못했습니다.

전기 제국

지멘스는 1881년 베를린에서 최초
로 전기 전차운행을 성공했습니다.
이후 무궤도 전차인 트롤리버스와
전기 광산기관차, 그리고 부다페
스트의 전기 지하철도를 고안했습
니다.

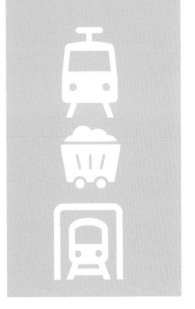

즐거운 탑승

1866년 **베르너 지멘스**가 **자기여기다이나모**를 발명하면서 상황이 바뀌었습니다. 이것의
새로운 응용 분야를 찾기 위해 지멘스는 **1879년 베를린 산업 박람회**에 출품할 **전기열차**
를 고안했습니다. 소형 **전동모터 동력식 기차**는 약 305m 길이의 원형 선로에서 **18명의
승객**을 태울 수 있었습니다. **증기 동력식 다이나모**에서 나오는 **전기**는 선로의 **레일**을 통
해 **열차로 공급**되었습니다. 이 작은 열차는 4개월 동안 86,000명 이상의 승객을 태웠습
니다.

내연기관

가스로 작동하는 내연기관이 석유로 작동하게 되면서,
세계에서 가장 인기있는 엔진이 되었습니다.

안에서? 밖에서?

내연기관이라는 이름은 연료가 엔진 내부에서 연소되기 때문입니다. 증기기관은 외연기관으로 명명되었는데, 연료가 엔진과 분리된 보일러에서 연소하기 때문입니다.

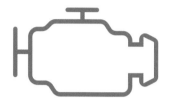

오토의 엔진

독일 공학자 **니콜라우스 오토**는 1876년에 **최초로 산업화된 내연기관**을 만들었습니다. **4행정 엔진**이며 **가스**로 작동합니다.

4행정 사이클

오토 엔진의 실린더는 **4단계 사이클**로 작동하며, 단계마다 피스톤이 1회 움직입니다. **밸브**는 각 단계에서 실린더를 들락거리는 **가스 흐름을 제어**하는 데 사용되었습니다.

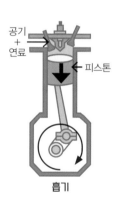
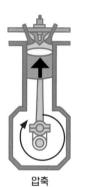
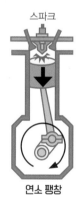
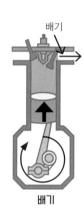

공기 + 연료 ← 피스톤 · 스파크 · 배기

흡기 · 압축 · 연소 팽창 · 배기

2행정 사이클

2행정 엔진에서 피스톤은 자체적으로 흡입구와 배기구를 닫는 밸브의 역할을 하여 복잡성을 줄였습니다.

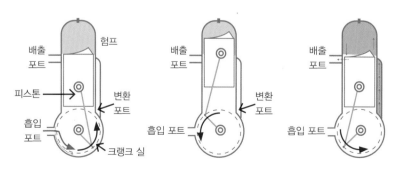

배출 포트 · 험프 · 피스톤 · 변환 포트 · 흡입 포트 · 크랭크 실

오일 붐

19세기 말 **카뷰레터**(내연기관의 기화기)의 발명은 내연기관이 석유로 가동될 수 있다는 것을 의미했고, 빠르게 발전하는 **석유 산업**과 시기가 일치했습니다.

자동차

자가추진차량, 즉 말이 없는 자동차는
엔진 기술이 특정 수준에 도달해서야 상업상 현실이 될 수 있었습니다.

- **1770년경** 프랑스 발명가 니콜라스 조셉 퀴뇨가 증기로 작동하는 자동차를 제작함

- **1807년** 스위스 발명가 프랑수아 이삭 드 리바가 내연기관으로 작동하는 차량을 제작함

- **1832년** 최초의 전기 차량 등장

- **1876년** 니콜라우스 오토가 증기로 작동하는 내연기관 개발

- **1879년** 독일 엔지니어 카를 벤츠가 석유 내연기관의 특허권을 얻음

- **1885년** 벤츠의 3륜 자동차인 페이턴트 모터바겐이 최초의 성공적인 자동차가 됨

- **1886년** 고틀리프 다임러가 최초로 4륜 자동차를 제작함

- **1896년** 루돌프 디젤이 경유와 중유를 연료로 하는 디젤기관을 설계함

정면도

자동차의 정면도는 발명된 이후로 변경되지 않았습니다. 엔진이나 발전 장치, 구동 장치를 **바퀴로** 전달하는 **변속기 시스템**, **서스펜션, 조종장치,** 그리고 **브레이크가** 연결되어 있는 **섀시가** 있습니다.

벤츠 페이턴트 모터바겐

1879년 벤츠는 고정식 1기통 2행정 내연기관을 구축했는데, 이 성공으로 **특허 받은 자동차라는 뜻의 페이턴트 모터바겐을 개발**할 수 있었습니다. 차량 후면에 1기통 4행정 엔진을 수평으로 설치했으며, 튜브형 강철 프레임과 와이어 스포크 휠 등 현대 자전거 공학의 여러 기능이 포함되어 있습니다. 엔진 출력은 0.75마력에 불과했습니다.

포드와 조립 라인

헨리 포드는 1903년에 자신의 회사를 설립하고 1908년에 모델 T를 출시한 성공한 자동차 설계자입니다.
그러나 그가 이뤄낸 혁신은 자동차가 아니라, 1913년 그가 설계한 조립 라인이었습니다.
자동차 산업과 그 밖에 거의 모든 다른 산업에 혁명을 불러일으켰습니다.

제9장

모델 T

포드는 자신의 모든 경험을 활용하여 1908년 모든 사람을 위한 자동차인 모델 T를 출시했습니다. **견고한 섀시와 높은 바퀴 간격, 단순한 디자인**으로 도로가 열악한 상황에서도 원활히 대처할 수 있었으며 소유자가 쉽게 고칠 수 있었습니다. 단지 매우 고가였을 뿐입니다.

하이랜드 파크

포드는 미시간의 하이랜드 파크에 대규모 공장을 건설하고 여러 혁신을 결합했습니다. 도축장으로부터는 **체인에 매달린 도축된 동물이 작업장 사이를 움직이는 것**에서 착안해 **조립 라인**을 만들고, 곡물 창고와 방앗간으로부터는 **컨베이어 벨트와 중력 슬라이드의 혁신**을 공장에 도입했습니다.

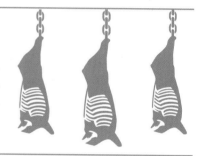

단계와 부품들

테일러의 과학적 관리 원칙에 따라 포드는 모델 T의 제조 단계를 **84단계**로 나누고 **모든 부품을 표준화하여 상호호환이 가능하도록** 했습니다. **작업자 구역**의 라인을 따라 **섀시를 이동**시켜 **효율성과 품질**을 향상시켰습니다.

빠르고 저렴하게

하나의 모델 T를 생산하는데 걸리는 시간이 12시간에서 93분으로 줄었습니다. 1914년에 포드는 308,162대의 자동차를 생산했는데, 이는 **다른 모든 자동차 회사가 생산한 양보다 많았습니다.** 모델 T의 금액은 1908년 $850에서 1916년에는 $316로, 그리고 1924년에는 $260로 **감소**하였습니다. 현재의 시세로 계산한다면 $21,000에서 $3,500로 감소한 것과 같습니다.

호버크래프트

1950년대에 영국 공학자 크리스토퍼 코커렐이 에어 쿠션을 사용하여
마찰을 줄이는 방법으로 새로운 종류의 차량을 만들었습니다.

더 잔잔한 항해

코커렐은 제2차 세계대전 중에 레이더 개발을 도왔고, 이후 선착장 운영을 위해 은퇴했습니다. 그는 차량의 움직임에 반하는 힘인 마찰력을 줄임으로써 물에서의 이동을 효율적으로 하는 방법을 고민했습니다.

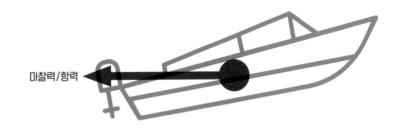

마찰력/항력

통조림-냄비 이론

코커렐은 1870년대 영국의 공학자 **존 소니크로프트 경**이 처음 발견한 에어 쿠션을 이용하여 마찰을 줄이는 아이디어를 떠올렸습니다.

그는 **커피 캔 안에 고양이용 통조림**을 넣어 실험했는데, 캔으로 공기를 불어넣으면 통조림이 위로 떠오른다는 것을 알아냈습니다.

해협 건너기

영국 정부기관의 도움으로 코커렐은 1959년에 최초의 **호버크래프트**를 출시했습니다. 몇 주 후에 영국과 프랑스 사이의 **해협**을 호버크래프트로 건넜습니다.

작동하는 방법

호버크래프트는 강력한 팬으로 **선체 하면에서 수면으로 압축공기를 내뿜어** 에어 쿠션을 만듭니다. 이것만으로는 선체의 부상 효과가 작아, 압축공기를 잠시간 가둬둘 수 있는 고무나 천으로 된 덮개를 장착합니다. 에어 쿠션이 마찰을 줄이고 파도나 고르지 않은 지면에서부터 선체를 들어올려 전방으로 운전하기 쉽도록 만듭니다.
(측면 기류를 사용함)

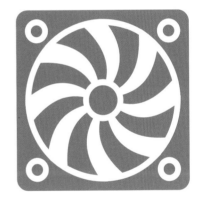

땅과 바다에서

호버크래프트는 표면이 비교적 평평하다면 물, 습지, 진흙뿐만 아니라 육지에서도 운행할 수 있기 때문에 **수륙양용 분야**에 특히 적합합니다. 플로리다 에버글레이즈 **국립공원**과 같은 땅과 물이 혼합된 환경이나 **군대**에서 사용되고 있습니다.

자율주행차량

미래의 자동차를 설계하려면 몇 가지 기술들의 통합이 필요합니다.

도전 과제

자율주행차량의 4가지 주요 도전 과제는 아래와 같습니다.

- **환경적 지각** : 주변에 무엇이 있는지 아는 것
- **경로 계획** : 환경에 따라 경로를 설정하는 것
- **자동차 제어** : 자동차의 기능을 제어하는 것
- **네비게이션** : A에서 B로 가는 경로의 좌표를 확인하여 계획하는 것

센서

차량이 환경을 지각하려면 적외선, 초음파, 레이더 등 다양한 센서가 필요합니다. 카메라를 통한 시각적 인식을 사용하기도 합니다. 최근 기술인 V2X(차량/사물 통신)는 차량이 무선 통신으로 다른 자동차나 스마트 시설물(도로표지판 등)로부터 정보를 얻습니다.

스마트 카

환경적 지각, 위치 및 **네비게이션**에 관한 모든 데이터를 사용하여 **자동차 제어 결정**을 내리려면 차량에 정교한 **심층학습 인공지능**의 탑재와 **클라우드 기반**의 **데이터 처리**가 필요합니다.

자동차 IQ

자율주행차는 단계별로 분류됩니다.

레벨	판단 기준
자동화 없음 (레벨 0)	운전자가 차량을 완전히 제어합니다.
기능별 자동화 (레벨 1)	전자식 안정성 제어, 또는 **자동 제동**과 같은 **개별 차량 제어가 자동화**됩니다.
결합된 기능 자동화 (레벨 2)	**차선 유지**와 **적응형 순항 제어**(크루즈 컨트롤, 운전자가 앞의 차량과 동등한 속도를 유지하도록 도와주는 기능)를 결합하는 등 **최소 두 가지 제어를 동시에 자동화**할 수 있습니다.
제한된 자율주행 자동화 (레벨 3)	운전자는 시스템의 개입 요청에 대응하여 차량을 제어해야 합니다. 차량은 운전자가 다시 제어할 상황에 대해 감지하여 미리 운전자에게 차량을 제어할 준비 시간을 제공합니다.
완전 자율주행 자동화 (레벨 4)	운전자는 어느 순간에도 **차량을 제어하지 않습니다**. 이러한 **차량**은 주차 기능을 포함하여 **운전의 모든 기능**을 처음부터 끝까지 **제어하므로 운전자가 없는 차량에도 적용**됩니다.

안경과 렌즈

인간을 끈질기게 괴롭힌 시각 장애는 중세시대에 광학공학이 적용되고서야 해결할 수 있었습니다.

굴절

렌즈는 광선의 방향을 변경하는 굴절 기능을 합니다. 빛은 하나의 매체에서 다른 매체로 (공기에서 유리로) 통과할 때 굴절되며 속도가 변합니다. 이를 이해하기 좋은 비유는 부드러운 땅에서 거친 땅으로 움직이는 차량 바퀴의 변화입니다. 거친 땅에 처음 닿은 바퀴가 먼저 느려지면서, 차축이 그 방향으로 약간 회전합니다.

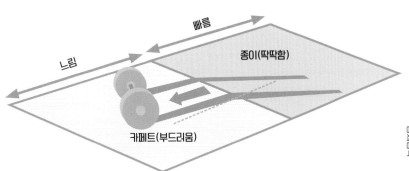

빠름
느림
종이(딱딱함)
카페트(부드러움)

상체공학

가까이, 멀리

사람의 눈은 망막에 빛을 집중시키는 자연 렌즈이지만, 초점이 망막의 앞(근시안)이나 뒤(원시안)에 잡히는 결함이 발생할 수 있습니다. 렌즈는 광선의 초점을 변경하여 이러한 장애를 보정합니다.

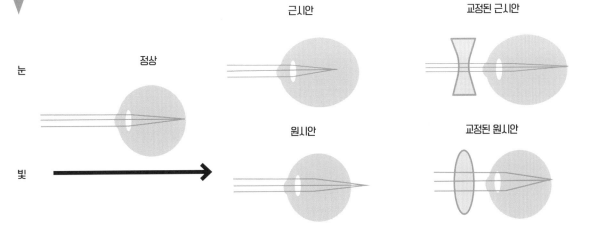

눈
정상
빛
근시안
교정된 근시안
원시안
교정된 원시안

심전도(ECG)

심전도는 의료 기술의 큰 발전이었으며,
전기공학을 의학에 적용한 획기적인 사건이었습니다.

해부학

19세기의 의사들은 **살아있는 동물과 죽은 사람의 몸을 해부함**으로써 신체작용을 이해하는데 큰 발전을 이뤘습니다.

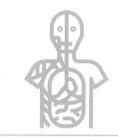

심장의 창문

무엇보다 절실한 것은 살아있는 사람의 신체 내부에서 무슨 일이 벌어지고 있는지를 아는 것이었습니다. 청진기 등의 청취기기로 심장 소리를 들을 수는 있었지만, 이보다는 더 많은 정보가 필요했습니다.

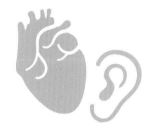

긁어내기

1860년에 고안된 도구는 태운 종이 위에 소리 진동으로 스크래치 표시를 하는 방법으로 심장의 맥박을 기록했습니다. 1887년 **아우구스투스 월러는 심장의 전기적 활동을 기록한 최초의 사람**이었지만, 그가 사용한 장치는 부정확하고 원시적이었습니다.

심금

1903년 네덜란드의 의사 **빌렘 에인트호벤**은 두 개의 전기 자석 사이에 금속선을 연결한 **전기활동을 측정**하는 매우 민감한 장치인 **단선 검류계**를 발명했습니다. 사람의 팔과 다리에 연결하여 **심장에서 생성되는 전기 신호를 포착**할 수 있었습니다.

전류가 흐르는 두 개의 전기 자석

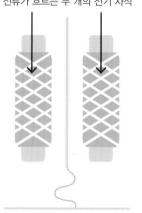

금으로 코팅된 선에 연결된 신경

심장박동의 해부학

에인트호벤은 자신의 기계가 종이에 기록 가능한 흔적을 남길 수 있도록 개발했습니다. 바로 심전도입니다. P, Q, R, S, T, U라고 표시된 주요 구성 요소로 분리할 수 있었습니다. P는 심방 수축과 관련된 전자파이며, 다른 것은 심실 수축과 연관이 있습니다.

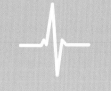

생체공학

철의폐

소아마비는 질식사라는 끔찍한 죽음으로 이어질 수 있는 병입니다.

공학은 기본 과학원칙을 사용하여 이들을 구조했습니다. 비록 초기에는 조잡했지만요.

소아마비

이제는 백신으로 인해 거의 사라졌지만, 소아마비는 흉부 근육을 포함하여 팔다리에 **마비**를 일으킬 수 있는 질병이며 **호흡이 제한**되어 질식을 유발할 수 있습니다. 1920년대에 병원에서는 치료법을 찾을 때까지 환자가 최대한 오래 살 수 있도록하는 방법을 필사적으로 찾았었습니다.

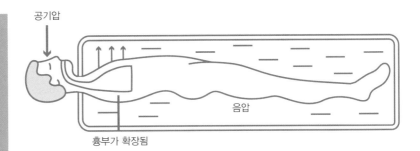

공기압

음압

흉부가 확장됨

외부 음압 환기(ENPV)

인공호흡기는 외부 음압 환기라는 메커니즘을 사용했습니다. 이 원리는 벨로우즈★로 공기를 빼내어 압력을 감소시킨 기계에 환자 신체의 목 아래쪽을 넣고 밀폐하여 외부의 공기압으로 폐에 공기를 불어넣게 하는 것입니다. 기계 안으로 공기를 다시 불어넣으면 내부의 압력이 상승하여 환자의 폐가 수동적으로 수축되면서 숨을 내뱉을 수 있게 합니다.

★ 벨로우즈 : 주름잡힌 모양의 관. 내부에 일정한 압력의 기체를 넣어 봉하고, 외부의 압력이 변화하면 안팎의 압력 차이로 인해 신축하게 된다. 이러한 움직임을 이용해 압력계 등에 쓰인다.

큐라레 고양이

1927년 하버드대학교의 **필립 드링커**와 **루이 아가시 쇼**는 고양이에 마비를 일으키는 독약인 큐라레를 주입한 뒤, 밀폐된 상자와 **벨로우즈**가 있는, **인공 호흡 메커니즘**을 적용한 **호흡기**를 사용해 고양이를 살려 냈습니다. **이것이 철의폐 디자인의 기초가 되었습니다.**

커다란 상자

최초의 외부 음압 환기장치인 **철의폐**는 기계식 벨로우즈가 부착된 매우 커다란 금속 상자였습니다. 공학자들은 점차 환자가 쉽게 접근할 수 있는 디자인으로 수정했는데, **가볍고 저렴하며 쉽게 제조할 수 있는 합판 버전**을 만들기도 했습니다.

흔들침대

재활은 환자들이 가슴 근육을 강화하여 자가 호흡을 시작하는 데 도움이 되었습니다. 한 가지 간단한 예는 흔들침대였는데, 환자의 몸을 위로 기울게 해 내부 장기를 아래로 이동시켜 폐로 공기가 잘 들어갈 수 있도록 만듭니다. 다시 다른 방향으로 기울여 반대의 효과를 주는 것이었습니다.

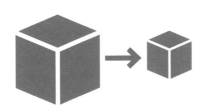

인공심장판막

심장이라는, 인체에서 가장 열심히 일하는 기관의 구성 요소를 대체할 수 있다는 건
숨이 멎을 듯이 대단한 생명공학적 업적입니다.

심장판막

심장은 **4개의 방**이 있는 유기 펌프로. 폐에서 **산소화된 혈액을 끌어와** 신체의 다른 부위로 **펌핑해
보내고 다시 받아서 폐로 보내는 것**을 반복합니다. 심장판막은 혈액이 **역류하지 않도록** 돕는 구조물
로 4개의 방 사이에 위치합니다.

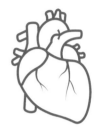

판막 결함

판막의 결함으로 인한 누출은 **심장**과 더불
어 신체로의 **혈액 공급**에 큰 위협입니다.
의사들은 이러한 판막을 교체할 수 있는
기술을 원했습니다.

볼과 케이지

일련의 동물 실험에 이어. 1952년 워싱
턴 DC 조지타운 메디컬센터의 외과 교
수인 찰스 후프나글 박사는 대동맥판
증이 있는 환자에게 **케이지 볼** *을 이
식했습니다.

디스크

이 수술 후에 볼 판막의 디자인은 **여러 번
개선**되었습니다. 1970년대 후반에는 **틸팅
디스크와 판막첨 디자인**이 도입되었습니
다. 이들은 현재 **열분해 탄소**로 만들어집
니다.

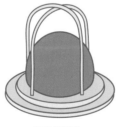

볼과 케이지

틸팅 디스크

이엽성 판막
(판막첨 디자인의 한 종류)

지속적인 힘

기계식 심장판막의 가장 큰 장점은 뛰어난 **내구성**입니다. 볼 판막 중 일부는 심한 마모 없이 30년 이상 사용되었으며, 2백만 개가 넘는
틸팅 디스크의 기계적 고장에 대한 보고도 거의 없었습니다. 단점은 **혈전이 밸브를 막지 않도록 환자가 평생 혈액 희석제를 복용해야 한**
다는 것입니다.

★ 케이지 볼 : 기둥 역할을 하는 지주들 안에 볼이 들어 있는 인공심장판막. 그 볼이 지주 우리 내에 떠 있으면 혈류가 통하고 역류할
 때는 구가 판구를 막는다.

인공심폐장치

심장 수술을 하려면, 수술 중에 심장의 역할을 도맡을 장치가 필요했습니다.

다목적

심장을 대신하여 혈액을 체내에 순환시키고 폐를 대신하여 혈액을 산소화하며 이산화탄소를 제거하는 동시에, 혈액의 온도를 유지하고 응고되지 않도록 합니다.

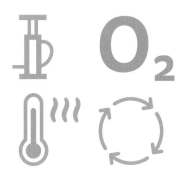

동물 연구

1931년에 외과의사 존 기본은 심장 수술 중에 혈액순환이 되지 않아 환자가 사망하여 좌절했습니다. 그의 아내 메리와 함께 인공적으로 혈액순환을 유지하는 기계를 만들기 위해 20년 간 연구하여 고양이와 개에 실험했습니다. 1953년에 이르러 존 기본은 이 기계를 사용해 심장결함 수술에 성공했습니다.

생체공학

다난한 길

이 기계는 엄청난 발견이었지만, 혈액 세포를 손상하거나 혈액에 심각한 오염을 일으키는 등 많은 문제가 있었습니다. 산소화하면서 혈액을 보호하기 위한 새로운 세포막 이용기술이 개발되기 전까지, 기계는 완전히 완성된 게 아니었습니다.

연결하다

심장 수술 시 환자를 인공심폐장치에 연결합니다. 사실 이 기계는, 혈액이 응고되지 않도록 돕는 산소공급기와 필터를 포함한 여러 기계들과 펌프의 배터리입니다.

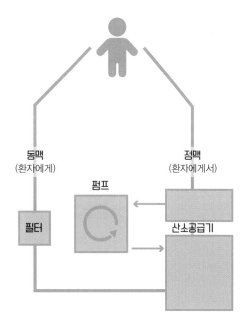

심박조율기

자연에서 진화된 전기 공학물(인간)에 결함이 발생하면, 인간이 개입해 수리할 수 있습니다.
그것을 증명한 예가 바로 심박조율기입니다.

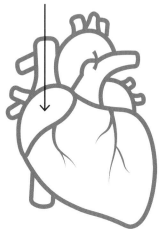

동방결절

잘못된 연결

심장이 올바르게 작동하려면 **근육이 올바른 방을 올바른 순서로 압박**해야 합니다. 심장에는 이 과정을 조정하기 위해 **동방결절**이라는 심박조율기가 내장되어 있는데, 이게 잘못되면 아주 위험한 부정맥이 발생할 수 있습니다.

쇼크 치료

외부에서 가해지는 **충격**은 심장의 리듬을 재설정하는데, **심장이 멈췄을 때 다시 뛰게 만들기도 합니다.** 이것이 제세동기 혹은 심폐소생술의 원리입니다. 1952년에 심장에 전기 충격을 주는 훨씬 효과적인 방법으로 최초의 심박조율기가 개발되었으나, 손수레에 싣고 다녀야 할 만큼 대형 기계였습니다.

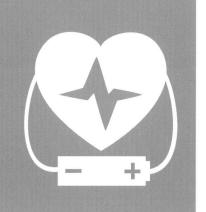

심박조율기의 구성

현대의 심박조율기는 큰 동전만 한 크기로 **배터리, 소형 컴퓨터, 발전기 및 센서와 연결된 전선**으로 구성됩니다. 센서는 심장의 활동을 관찰한 뒤, 컴퓨터로 정보를 공급하며, 컴퓨터는 이 정보를 바탕으로 심장에 자극을 전달하는 시기를 결정합니다.

심장 응급 상황

1958년, **엘세-마리 라슨**은 하루에 최대 30번이나 **심장이 멈추는 심장 질환**을 앓는 남편을 위해 필사적으로 치료법을 찾고 있었습니다. 그녀는 스웨덴 발명가인 **룬 엠퀴스트**에게 심장에 직접 연결하여 필요할 때 심장을 다시 뛰게 할 수 있는 세계 **최초의 이식형 심박조율기**를 만들어 달라고 요청했습니다.

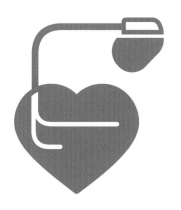

선이 없는 심박조율기

최신 심박조율기는 선이 필요하지 않은, **심장에 바로 부착되는 작은 실린더** 형태입니다.

생체공학

뼈 치료

뼈는 신체 구조 공학입니다.
그 누가 공학자보다 잘 수리할 수 있을까요?

막대, 판, 나사, 핀

뼈 자체의 치료에 도움이 되거나 뼈의 구조적 요소를 대신하는 요소는 아래와 같습니다.

- **막대** : 대퇴골과 같은 길고 큰 뼈에 힘을 더함
- **판** : 뼛조각을 붙이기 위함
- **나사** : 판과 막대를 고정하기 위함
- **핀** : 분리된 뼛조각을 부착하기 위함

내부 혹은 외부

생물의학 공학자와 의사는 막대와 나사를 이식하는 **내부고정술**과 외부 지지대, 팔걸이 붕대, 부목, 깁스 등의 **외부고정술** 중 **어느 것을 환자에게 제공**하는 게 나을지 **협력**하여 **결정**합니다.

생체공학

임플란트의 위험

공학자는 금속 임플란트의 위험성도 판단할 수 있습니다. 너무 많은 하중을 받는 판이나 나사는 **응력 차단으로** 인해 **골위축이 발생**할 수 있습니다. **서로 다른 종류의 금속이 접촉하면 갈바닉 부식**이 진행되어 독성 금속 이온이 발생할 수 있습니다.

임플란트 재료

재료 공학자는 정형외과용 임플란트로 사용하기에 적합한 재료들을 선정합니다. 한 가지 예로 니켈, 크롬, 몰리브덴의 조합식에 따라 다양한 유연성을 가진 스테인레스 스틸을 만들 수 있습니다.

생분해성

종종 임플란트를 뼈가 재생되기 전에 일시적으로 사용하기도 하는데, 제거할 때 감염의 위험이 있습니다. 생분해성 폴리머를 사용하면 치유중인 뼈에 맞춰 적절한 속도로 분해되게 설계하여 위험에 대처할 수 있습니다.

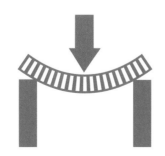

인공관절

인공관절은 가볍고 오랫동안 유지되고, 내구성이 뛰어나고 휴대가 가능해야 하는 동시에
부착용이성과 생체적합성 같은 문제를 극복할 수 있어야 합니다.

튼튼한

이동성을 제공하면서도 **큰 하중**을 견뎌야
하는 관절은, **윤활액**이 가득한 **주머니** 안
에 들어있으며, 관절 표면은 **윤활, 완충 작
용** 및 **뼈의 보호**를 위해 **연골**로 코팅되어
있습니다.

이 연골이 차츰 **닳거나** 관절 자체가 악화
하면 **관절의 이동성**이 저해되며 매우 고통
스러울 수 있습니다.

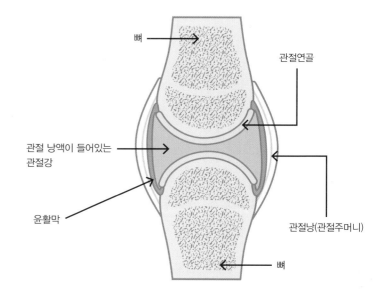

뼈

관절연골

관절 낭액이 들어있는
관절강

윤활막

관절낭(관절주머니)

뼈

상아와 강철

인공관절을 이식하기 위한 첫 번째 시도는 1890년 독일인 의사 테미스토클레스
글루크에 의해서 였습니다. 그는 **상아와 니켈 도금 강철로 인공 무릎 관절**을 만
들었고, **니켈 나사**로 상아 고관절을 제 위치에 고정하였습니다. 환자의 신체와
재료의 생체적합성이 좋지 않아서 거부 반응을 보였기 때문에 단기적인 성공에
그쳤습니다.

관절의 최고위자

최초의 현대 인공관절은 1958년 영국의 외과의사 **존 찬리**에 의해 이식
되었습니다. 그는 **테플론으로 만든 소켓**에 맞는 **둥근 금속 헤드**로 관
절을 만들었지만, 나중에는 **폴리에틸렌으로 대체**하였습니다. 찬리는
아크릴 시멘트인 폴리메타크릴산 메틸을 사용했는데, 현재까지도 항
생재를 첨가하는 공정을 더하여 표준으로 사용되고 있습니다.

관절의 종류

부위마다 각기 움직
임의 범위와 강도가
다르므로, 인공관절
에도 여러 유형이 있
습니다.

바이오닉스

생물전자공학은 공상과학소설에서 인간의 능력을 향상시키는 수단으로 자주 등장합니다.
실제로 공학자들은 자연공학에 필적할 만한 생체공학적 업적을 위해 노력하고 있습니다.

사이버네틱스(인공두뇌학★)

바이오닉(Bionic)은 생물전자공학(Biological Electronics)의 축약형으로, 사이버네틱 오가니즘
(Cybernetic Organisms)의 약자인 '사이보그(cyborg)'와 연관이 있습니다. 두 단어 모두 생물과
기계의 커뮤니케이션과 통계체제에 관한 연구인 사이버네틱스에서 비롯된 것입니다.

★ 인공두뇌학 : 인간과 다른 유기체, 또는 기계의 내적 통신에 관한 연구의 총칭이다.

피드백

인공두뇌학은 몸 내부의 기능과 기계의 기술 등이 어떻게 체계를 구축하고 통제하며 상호작용하는지를 환경으로부터의 다양한 피드백 과정과 함께 살펴봅니다. 대표적인 예로는 **다리의 구조와 위치가 동물이 걷는 방식에 어떠한 영향을 미치는지**에 대한 것입니다.

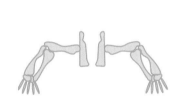
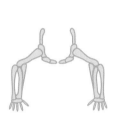
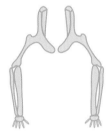

생체공학

바이오닉 인공기관

바이오닉 인공기관의 목표는 **전자부품과 기계부품이 뼈, 근육, 신경을 대체하는 것**입니다. 예를 들면 무언가를 움켜쥐거나 느낄 수 있는 **로봇 팔**이 있습니다.

극복해야하는 과제는 구성요소의 소형화, 전원 공급 장치, 컴퓨터 프로세싱, 신체에 부착할 인공기관, 그리고 사용자와 인공기관의 통신입니다.

철저한 통제

궁극적인 목표는 사용자가 실제 자신의 신체를 움직이는 것과 같이 **뇌에서 전달하는 신경 자극으로 바이오닉 신체 부위를 통제**하는 것입니다.

달팽이관과 망막 이식

생체공학은 감각기관을 위한 인공기관을 만드는 데 도움이 됩니다.
달팽이관과 망막에 이식할 수 있는 인공기관이 그 성공적인 예입니다.

청각 우회

대부분의 **보청기**는 **소리를 증폭**시켜 귀 내부의 소리를 처리하는 구조들이 더 쉽게 들을
수 있도록 합니다. **달팽이관 이식수술은** 이러한 **구조의 일부를 완전히 대체하는 역할을**
합니다.

방송국처럼

달팽이관 이식물 외부와 내부에 부품이 있습니다. 외부에는 **소리를 잡아내는 마이크와**
소리를 전기 신호로 변환하는 프로세서, 그리고 **그 신호를** 피부 아래에 이식된 수신기로
전송하는 **무선 송신기**가 있습니다.

눈으로 보다

망막 이식은 시신경에 직접적인 자극을 줍니다. 빛을 감지하는 칩은 안경의 형태 혹은
눈에 직접 이식되어 빛을 전기 자극으로 변환하여 시신경에 공급합니다. 이식 받은 사람
은 이렇게 입력된 자극을 볼 수 있도록 훈련해야만 합니다. 아직까지는 흑백으로만 볼
수 있습니다.

직접적인 자극

수신기는 소리를 잡아내어 전기 신
호로 변환하고, 달팽이관에 있는
전극으로 전달하여 청각 신경을 직
접 자극합니다.

← 에너지 공급
← 색소 상피
← 광수용기
← 이극신경세포 (2개의 돌기를 가진 신경세포)
← 신경절 세포
← 신경 세포

공막
맥락막
망막

빛
자극
전극
망막 밑
이식

자극 칩

유전공학

유전자 변형 또는 조작으로도 알려진 유전공학은 생명공학을 이용하여
유기체의 게놈(기본 생물학적 청사진)을 다루는 것을 의미합니다.

DNA

데옥시리보핵산의 줄임말로, **유전자 코드**를 가지고 있는 분자를 말합니다. 인간은 **선택적
번식**을 수행함으로써 DNA를 변화시켜 왔지만, 유전공학은 **DNA 조각을 추가하거나 제거**
하여 게놈을 **직접 변형**하는 것을 포함합니다.

코드

1953년 **프랜시스 크릭**과 **제임스 왓슨**이 **DNA의 구조**를 연구하여 **염기**라고 불리우는 요
소의 **서열**이 어떻게 **유전적 정보를 암호화**할 수 있는지를 밝혀내어 유전공학의 세계가
열렸습니다. 생물학자들은 **코드를 조작**할 수 있다면 **생물의 청사진을 변경**하여 유전적으
로 변형된 유기체를 만들 수 있을 거라고 생각했습니다.

자르고 붙이기

유전공학의 기본적인 단계는 다음과
같습니다.

숙주 게놈에 붙여넣을 준비가 된
새로운 DNA 서열 생성

↓

숙주 DNA에서 유전자를 찾아냄

↓

DNA 절단

↓

새로운 서열을 붙여넣음

↓

DNA의 절단된 끝부분을 다시 부착함

↓

숙주 유기체가 마치 자신 게놈의 일부
인 것처럼 새로운 DNA를 읽어 냄

작업을 위한 도구

생물학자들은 DNA를 읽고, 만들고, 자르
고, 붙일 수 있는 도구가 필요했습니다. 이
러한 도구들은 자연적으로 발생하는 효소
(나노 스케일의 생물학적 기계)를 통해 자
연에서 가져오게 되는데, 그러한 효소 중
하나인 제한적엔도뉴클레아제는 DNA를
특정 지점에서 절단하여 새로운 DNA조각
을 삽입할 수 있도록 합니다.

유전자야 가라!

공학의 주요 도전과제는 유전자를 목적지에 바르게 전달하는 것입니다. 인간의
DNA는 세포의 핵 내부, 즉 여러 겹의 방어막 뒤에 숨겨져 있어서 정확하게 전달
하기가 어렵습니다. 유전자 전달 방법으로는 핵산으로 도포된 작은 금속입자를
목표 세포핵에 주입하는 방법과 바이러스를 이용해 자신의 게놈을 숙주의 게놈에
주입하는 방법이 있습니다.

CRISPR-Cas9

수십년 동안 유전공학에서의 가장 큰 발전은 CRISPR-Cas9라는 새로운 유전자 편집 도구입니다.
DNA를 절단하고 새로운 조각을 삽입하는 것이 무척 쉬워졌습니다.

박테리아 툴키트

크리스퍼(CRISPR)는 'Clustered Regularly Interspaced Short Palindromic Repeats'의 줄임말로 규칙적으로 삽입되어 있는 반복적인 짧은 회문구조를 가진 DNA를 말하며, Cas는 'CRISPR asso-ciated enzyme'의 약자로 DNA 절단을 위해 크리스퍼 서열을 사용하는 효소입니다. 크리스퍼는 바이러스로부터 저항하기 위한 적응성 면역 시스템입니다.

뜯어 고치다

유전공학자는 특정한 목적을 갖고 CRISPR-Cas9를 사용합니다. 목표로 하는 유기체 DNA의 특정 영역과 일치하는 **RNA**(DNA와 매우 유사한 분자로 동일한 코드를 사용함)를 생성한 뒤, 가위 역할을 하는 Cas9 효소와 RNA 조각을 이용해 목표 DNA를 정확하게 잘라냅니다.

자연적인 보수

CRISPR-Cas9은 전체 작업 중에서 잘라내는 역할까지만 맡습니다. 대상 유전체를 잘라낸 후, 유전공학자가 세포 자체의 DNA 복구 메커니즘을 사용하여 절단된 끝부분을 다시 연결합니다. 이것이 상동직접수선(Homology-directed repair) 또는 파괴(knock-out) 돌연변이에 의해 변형이 발생하는 지점입니다.

HDR

유전공학자는 절단된 대상 DNA 끝 부분과 일치하는 상동 DNA 서열을 **새로운 '삽입' 영역으로 하여 DNA를 확장합니다.** 이 상동 영역은 대상 DNA에 삽입되도록 돕는 역할을 합니다.

녹아웃(파괴)

Cas9으로 DNA를 잘라내는 작업 후 유전자가 자연적으로 복구될 때 종종 오류가 발생합니다. 단순 오류라도 대상 유전자는 파괴되거나 비활성화될 수 있습니다.

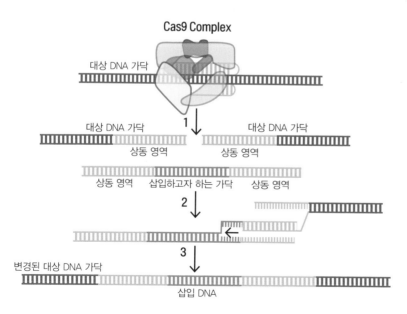

Cas9 Complex

대상 DNA 가닥

1

대상 DNA 가닥 　　　 대상 DNA 가닥
상동 영역 　　　 상동 영역

상동 영역 　 삽입하고자 하는 가닥 　 상동 영역

2

3

변경된 대상 DNA 가닥

삽입 DNA

영상의학

19세기, 의사들은 환자가 죽어야만 내부를 살펴볼 수 있었습니다.
살아 있을 때 내부 진단을 할 수 있도록 몸에 창문을 달아 필요할 때 열어서 보는 상상을 했다고 합니다
의료공학은 이 망상의 효과를 실현할 여러 가지 방법을 찾아냈습니다.

엑스레이

고에너지 단파이며 전자기 방사선인 엑스레이는 연조직을 포함한 많은 연한 물질들을 통과하는데, 이러한 특성을 이용해 뼈와 다른 조직들의 **방사선 사진**을 찍을 수 있습니다. 주요 단점은 **이온화방사선으로 인해 세포들이 손상될 수 있어서 노출을 제한해야 한다**는 것입니다.

초음파

가장 안전한 **의학영상 유형**인 초음파는 일종의 **반향정위**★로, 고주파 음파를 신체로 보내고 되돌아오는 반향으로 이미지를 생성합니다. **도플러 초음파**는 움직이는 물체로부터 반사될 때 **음파의 피치** 변화를 측정하는 것으로 이미지를 생성하며 혈류 측정 따위에 쓰입니다.

생체공학

CT와 CAT 촬영

컴퓨터단층촬영(CT)과 컴퓨터체축단층촬영(CAT)은 한 평면을 중심으로 다른 각도에서 촬영한 여러 개의 엑스레이를 결합하여 신체의 상세한 단면을 만듭니다. 엑스레이를 사용하기 때문에 이온화방사선에 노출됩니다.

MRI 촬영

자기공명영상(MRI)은 강력한 자기장을 이용하여 체내 수분에 존재하는 수소 원자핵이 신호를 만들게 합니다. 이 신호들로 모든 유형의 조직을 상세하게 이미지화할 수 있습니다. MRI 스캐너는 크고 비싸며 소음이 심합니다. 금속 임플란트나 교체 관절, 심박조율기를 사용하는 사람은 이용할 수 없습니다.

PET 촬영

양전자방출단층촬영(PET)은 환자에게 방사선을 방출하는 추적 염료를 주입한 뒤 그 방사선을 촬영합니다. 염료에 따라 다른 목적으로 추적할 수 있습니다. 예를 들어, 포도당 기반의 염료는 더 많은 에너지를 사용하는 세포와 조직을 촬영합니다. PET 촬영은 CT 촬영과 함께하여 효과를 높일 수 있습니다. PET 촬영 또한 이온화방사선에 노출되며 비용이 많이 듭니다.

★ 반향정위 : 동물이 소리나 초음파를 내어서 그 돌아오는 메아리 소리에 의하여 상대와 자기의 위치를 확인하는 방법

조직공학

신체 조직의 기능을 유지, 회복, 개선할 수 있는 생물학적 대체물을 개발하는 과학입니다.

재생의학

재생의학 분야에서 조직공학은 필수적입니다. 두 용어는 종종 같은 의미로 사용되기도 합니다. 대체 조직의 도움을 포함해 환자가 자가치유할 수 있도록 돕는 것을 목표로 합니다.

조직

인체는 세포로 구성되며, 세포는 조직화(근육 조직, 연골, 지방 조직)하여 기능합니다. 장기는 상호작용하는 여러 조직으로 구성된 기능 단위입니다.

지원 서비스

세포는 자체적으로 지원 구조를 만들어 세포 외 기질을 구성하는 생화학 물질과 구조의 네트워크를 분비합니다. 조직공학에서는 이 매트릭스를 **스캐폴드**라고 부르며, 세포를 지원하여 발달과 성장을 돕고, 생화학적 신호를 전달하는 등 많은 기능을 수행합니다.

스캐폴드를 만들다

조직공학자는 인공 조직(예) 플라스틱으로 만든)이나 천연 공급원(예) 셀룰로오스, 콜라겐)에서 유래한 스캐폴드를 이용해 대체 조직을 만들고자 합니다. 스캐폴드는 올바른 증식 배지*와 생화학적 신호의 혼합으로 치료 조직의 성장을 돕습니다.

★ 증식 배지 : 세포증식을 유지할 수 있는 영양원을 포함한 배지(배양액)

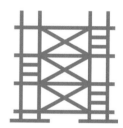

교체 품목

조직공학의 궁극적 목표는 환자의 세포로 새로운 장기를 배양하는 것으로, 망가진 신장이나 간 같은 장기를 대체하는데 사용될 수 있습니다. 지금까지는 작은 동맥, 피부 이식, 연골 같은 비교적 작은 조직에 적용되고 있습니다.

조직 센서

조직공학의 또다른 목표는 생물학적 센서로 사용되거나 통합된 조직을 배양하는 것입니다. 이러한 센서 혹은 실험물질은 약물 검사를 개선하거나 개인 의약품으로 사용될 수 있습니다.

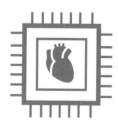

인공생명

AI와 비교하여 AL이라고도 불리는 인공생명체는 전적으로 인조생명체의 형태를 조작하려는 탐구입니다.

자신만의 것을 만드세요

DNA 코드를 해독하고, 조작이 가능해진 이후로 연구원들은 **인공생명을 만든다**는 행위에 대해 곰곰이 생각했습니다.

염기와 염색체

염기는 DNA 코드의 문자에 해당하며, 서열을 이루어 DNA를 구성합니다. 유기체에서는 수백에서 수천, 수백만 개의 유전자를 암호화하는 긴 DNA가 단백질과 함께 묶여 염색체가 됩니다. 인공생명 공학자들은 합성염색체를 만들기 위해 **자체 염기 서열을 편집**합니다.

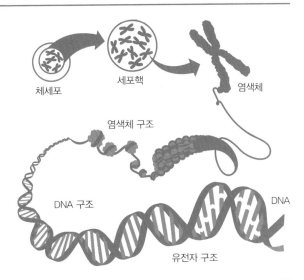

체세포

세포핵

염색체

염색체 구조

DNA 구조

DNA

유전자 구조

최소한의 게놈

가장 간단한 유기체조차도 수천 개의 유전자를 보유하고 있어서, DNA의 길이는 매우 깁니다. 이렇게 긴 DNA를 편집하는 건 매우 어려운 일이었기 때문에, 연구자들은 복제 유기체를 생산할 수 있는 가능한 최소한의 게놈을 찾으려는 연구를 해왔습니다.

신시아(SYNTHIA)

2010년 유전공학자인 크레이그 벤터와 그의 동료들이 수백 개의 유전자를 가진 박테리아 게놈에 자신들의 이름을 포함한 코드를 삽입했습니다. 합성 DNA를 게놈이 제거된 박테리아에 삽입하는 방식이었으며 'JCVIsyn 1.0'이라고 이름 붙였지만, 언론에서는 '**신시아**'라고 불렀습니다.

활과 화살

인류가 만든 최초의 증폭기 중 하나인 활과 화살은 선사시대 사람들의 공학적 능력을 보여줍니다.

활의 기초

활의 가장 단순한 형태는 중앙 **손잡이**와 양쪽에 **림**(어퍼 림과 로우어 림)이 있는, 탄성과
탄력이 있는 재료로 구성된 것입니다. 활을 쏠 때 목표물을 향하는 면을 **백**(back)이라 하
고, 얼굴을 향하는 면을 **벨리**(belly)라고 합니다. 그리고 활의 양쪽 끝에는 현을 고정하기
위한 **활고자**가 있습니다. 활과 활시위 사이의 거리는 **피스트밀** 혹은 **브레이싱 높이**라고
합니다. 활을 잡아당길 때 엄지손가락을 세우고 쥔 주먹의 폭을 말합니다. 보통 15~17cm
입니다.

증폭기

활은 활시위에 가해진 힘을 탄력적인 전위에너지로 변환하고 저장하는 일종의 스프링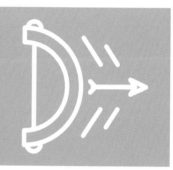
입니다. 시위가 풀리면 저장된 에너지가 화살의 운동에너지로 변합니다. 손에서 전달
된 힘이 활에 탄력에너지로 점차 쌓이다가 화살에 빠르게 전달되는 것인데, 이렇게 적
은 힘을 보다 큰 힘으로 증폭시키는 장치를 증폭기라고 합니다.

단궁

초기에 활을 제작할 때는 재료로 단일 나무만을 사용해서 **단궁**이라고 불렸습니다. 강하고
탄력있는 주목나무, 느릅나무, 오크나무, 서양물푸레나무를 주로 사용했습니다. 보다 유연
한 나무껍질의 안쪽을 활의 정면인 백에 사용했고, 더 강하고 압축이 가능한 중심부를 벨
리에 사용했습니다.

합성궁

화살의 운동에너지는 속도에 따라 달라지는데, 그 속도는 활을 당길 때의 힘에 달려있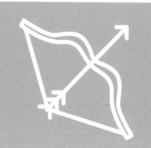
습니다. 그 힘은 활의 재질에 따라 달라지므로 재료공학과 깊은 관련이 있는데, 단궁
은 단일 재료였어서 한계가 있었습니다. 청동기 시대에 접어든 서아시아에서는 **강도
와 탄성을 강화하는 보완적 특성을 가진 재료**를 함께 사용하기 시작했습니다. 바로 합
성궁입니다.

석궁

장궁은 강력한 무기였지만, 숙달하는 데 수년간의 훈련이 필요했습니다.
중세시대의 공학자들은 단 하루 만에도 사용할 수 있는 비슷한 힘을 가진 무기를 개발하고자 했습니다.

기원전 6세기경 고대 그리스인
이 거대한 석궁인 발리스
타를 사용함

기원전 5세기경 고대 중국인이
석궁을 발명함

서기 10세기경 중국의 석궁이
서유럽에 소개됨

14세기경 강철로 된 석궁 개발

1470년경 권총이 출현하여 석궁
의 가치가 없어짐

16세기 정교한 사냥용 석궁 개발

1894년 중국군은 중일전쟁 때
여전히 반자동 석궁을 사
용함

석궁의 부품들

석궁은 중앙에 **틸러**가 있고, 틸러와 수직인 **활몸**이 있습니다. 시위를 당긴 후 **걸쇠**로 고정
시켜둘 수 있으며, **방아쇠**로 발사합니다. 틸러는 나무나 금속으로, 걸쇠는 뼈나 상아로, 활
시위는 대마 끈으로 만들어졌으며 활몸은 나무와 강철, 뿔과 고래수염의 합성물, 주목나
무 가지, 힘줄 등의 재료로 만들어졌습니다.

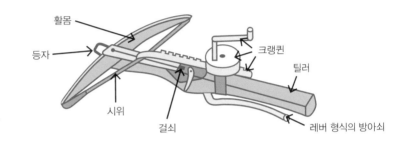

당기기

석궁은 파괴력을 높이기 위해 **엄청난 무게를 당기도록 설계**되어 팔의 힘만으로는 시위를
걸 수 없었습니다. 당기는 기술이 여럿 있었는데, 처음에는 몸으로 눌러서 장전했습니다.
이후로는 등자를 **발로 밟아** 각력을 이용하거나, 벨트 고리에 **와이어를 단 후 허리를 펴서
당기기**도 했습니다. 점점 더 강력한 석궁이 등장했고, 크기는 물론 시위를 당기는 데 필
한 힘도 커져만 가, 톱니의 원리를 이용한 도구인 **크랭퀸**이나 도르래의 원리를 이용한 도
구인 **윈드라스** 등의 기계가 석궁에 적용되었습니다.

군비 확장 경쟁

석궁의 등장으로 평범한 군인이 두꺼운 갑옷을 입은 부
유한 기사의 목숨을 빼앗을 수 있게 되었습니다. 기사들
은 쇠사슬 갑옷 대신에 판금 갑옷을 입으며 대응했지만,
이조차도 강철 석궁화살을 견디기엔 역부족이었습니다.
기사들이 적의 석궁 사수를 붙잡게 되면 아주 잔인하게
다뤘다고 합니다.

발리스타

발리스타는 고대의 전쟁 기계로 로마의 공학적 천재성을 과시할 수 있는 예시입니다.
거대한 석궁과 비슷하게 생겼으며, 비틀림력을 이용해 볼트나 돌을 던졌습니다.

장력에서 비틀림력으로

장력을 이용해 돌이나 화살을 던지는 커다란 석궁처럼 생긴 무기를 사용하는 그리스인들을 보고, 로마인들은 발리스타라는 아이디어를 떠올렸습니다. 석궁과는 달리 발리스타는 비틀림력을 사용하는데, **비틀림력이란 저항력 있는 탄성 물질을 비틀었을 때 에너지가 저장되고, 다시 풀릴 때 방출하는 것을 이용한 힘입니다.** 동물의 힘줄로 두꺼운 끈을 만들어 사용했습니다.

장력 비틀림력

두 개의 좋은 팔

발리스타에는 기본적으로 두 개의 팔이 있었고, 각각의 팔은 힘줄 섬유의 꼬인 타래로 연결되었습니다. 두 팔 사이에 활시위가 달려 있었고, 석궁처럼 레버를 뒤로 당겨 멈춤쇠로 고정했습니다. 발리스타 주위에는 비틀림력을 증가시키기 위해 타래를 꼬는 장치가 프레임에 연결되어 있었고, 레버를 쉽게 당길 수 있는 일종의 도르래 같은 장치도 있었습니다.

팔이 밖으로? 안으로?

전문가들은 발리스타의 팔이 타래의 바깥으로 튀어나온 석궁 같은 모습의 형태였는지, 아니면 안쪽으로 들어간 형태였는지에 관해 의견이 분분합니다.

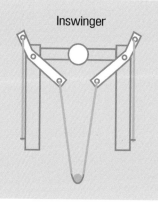

Inswinger

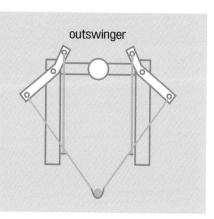

outswinger

발리스타의 종류

로마군은 다양한 크기의 발리스타를 사용했습니다. 가장 흔한 것은 **스콜피오**로 작아서 2인이 작동할 수 있었으며 큰 화살이나 약 1.3kg 무게의 돌을 발사했습니다. **카로 발리스타**라는 이동식의 스콜피오도 있었고, 손으로 들 수 있는(일종의 스탠드가 필요한) **키에로 발리스타**와 **마누 발리스타**도 있었습니다.

폴리볼로스(POLYBOLOS)

고대의 작가들은 **폴리볼로스**(다수의 발사)라고 불리는 체인 구동식, 자동 장전, 탄창식 발리스타에 대해서도 설명하고 있는데, 이것이 실제로 존재했는지 확실하지 않습니다.

항공우주공학 & 군사공학

96

공성기

청동기 시대의 도시들은 거대한 요새를 건축해 스스로를 보호했습니다.
물론 포위 세력들은 공학적 독창성으로 이를 극복했습니다.

성벽을 지으시오

고대 도시들은 물질적 부를 축적할수록 더 커다란 **요새**를 건설하여 외부의 침략을 방어
하고자 했습니다. 기원전 2천 년의 **니네베**(고대 아시리아의 수도)에는 길이 80km, 높이
36.5m, 그리고 두께 9m인 돌담이 있었다고 전해지며, 기원전 600년경의 **바빌론**은 길이
19km, 높이 100.5m, 그리고 4마리의 말이 끄는 전차가 충분히 들어갈 만한 너비의 벽으
로 둘러싸여 있었습니다.

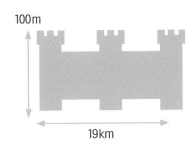

100m

19km

헬레폴리스

기원전 3세기경, 그리스군 지도자 **드미트리우스
폴리오르세테스**(후에 마케도니아의 왕이 됨)는 헬
레폴리스(도시를 가지는 자)라 명명한 거대한 공성
기의 시운전을 진행하였는데, 공성기가 움직이는
데만 3,400명이 필요했습니다. 설명에 따르면, 높
이가 41m이고 너비가 18m였으며 무게는 163t이었
다고 합니다. **내부에는 두 개의 계단**이 있었는데,
올라가는 계단과 내려오는 계단이었습니다.

가까운 접근

포위 세력이 성벽을 허물거나, 뛰어 넘거나, 부수려면 우선 성벽 가까이 도달해야
했습니다. 가까이 가더라도 화살과 돌, 창과 끓는 액체 공격에 속수무책일 때가 많
았습니다. 기원전 9세기에 니므루드 궁전에서 하나의 해결책이 나왔습니다. 움직
이는 6륜 공성탑에 궁수들을 배치했고, 돌출된 공성 망치를 설치했습니다.

추가적인 것들

로마 군대는 공성기가 무거워 운송이 어렵다는 단점을 보완하기 위해 현장에서
만들기 시작했습니다. 상층에는 도개교를 설치하여 병사들이 성벽을 쉽게 침입할
수 있게 했습니다. 하층에는 방어물을 부수기 위한 거대한 막대기와 통나무를 구
비했고, 돌파를 위한 무기와 보조장치들이 있었습니다.

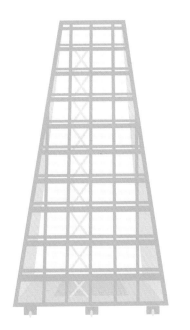

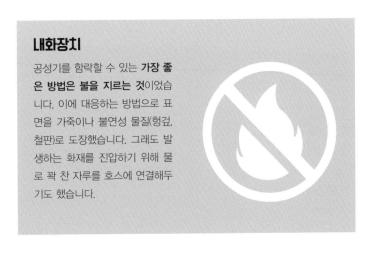

내화장치

공성기를 함락할 수 있는 **가장 좋
은 방법은 불을 지르는 것**이었습니
다. 이에 대응하는 방법으로 표
면을 가죽이나 불연성 물질(헝겊,
철판)로 도장했습니다. 그래도 발
생하는 화재를 진압하기 위해 물
로 꽉 찬 자루를 호스에 연결해두
기도 했습니다.

트레뷰셋

짧은 쪽에 힘을 가하여 돌을 던지는 무기, 트레뷰셋은
지레의 원리를 이용한 투석기의 한 종류입니다.

- **기원전 4세기** 고대 중국인들이 인력식 투석기를 사용함

- **서기 6세기** 비잔틴인이 페트로볼로스라는 인력식 투석기를 사용함

- **1097년** 비잔틴제국의 황제 알렉시오스 1세가 무게추식 트레뷰셋을 발명함

- **1199년** 북이탈리아의 카스텔누오보 보카 다다에서 벌어진 공성에서 무게추식 트레뷰셋인 트라부츄스가 사용됨

- **1300년경** 영국의 에드워드 1세가 스코틀랜드와의 전쟁에서 대형 투석기인 워울프를 사용함

- **1410년** 크리스틴 드 피잔의 〈전략의 책〉에 트레뷰셋의 사용에 대한 내용이 헤비 캐논과 함께 나와있음

- **1500년경** 트레뷰셋 시대의 종말

투척력

약 18m³ 부피의 균형추는 최대 30t의 밸러스트(안정성이나 제어력을 향상시키기 위한 무거운 물건)를 수용할 수 있습니다. 이로써 100kg의 돌을 400m 멀리까지, 250kg의 돌을 160m 멀리까지 던질 수 있습니다. 가장 커다란 트레뷰셋은 1,500kg의 돌까지 던질 수 있었습니다.

인력식, 하이브리드, 무게중심

트레뷰셋은 **레버**에 가해지는 힘의 원천에 따라 분류됩니다. 가장 초기의 것은 **인력식 트레뷰셋**인데, 레버의 짧은 쪽 끝을 인간이나 짐승이 직접 당김으로써 작동합니다. **무게추식 트레뷰셋**은 짧은 쪽 끝에 부착된 균형추(암석으로 가득 찬 상자 같은 것)가 **중력**에 의해 당겨짐으로써 작동합니다. **하이브리드**는 **무게중심을 이용해 견인력**을 사용합니다.

타이밍이 전부입니다

작은 트레뷰셋에서는 긴 쪽의 끝에 있는 장전자가 결정적인 순간까지 발사 부위에 매달림으로써 힘을 더한 후 발사했습니다. 타이밍을 잘못 잡으면, 발사체와 함께 날아갈 수도 있겠죠.

화약

이미 천 년 동안 사용되었지만,
여전히 많은 양의 에너지를 작은 공간에 묶어두는 가장 효과적인 방법 중 하나입니다.

역사

화약은 **서기 1000년** 이전에 **중국인**이 발명했습니다. **불꽃놀이**와 **로켓**, 그리고 **총**과 **폭탄**에 사용되었습니다.

화학

흑색화약은 초석(75%), 황(10%), 그리고 **목탄**(15%)의 혼합물입니다.

초석(**질산칼륨**, KNO_3)은 **산소**를 제공하고, 황과 목탄은 빠르게 타면서 **이산화황**(SO_2)과 **이산화탄소**(CO_2) 가스를 만들어냅니다.

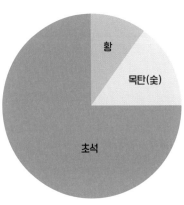

황

목탄(숯)

초석

사용

불꽃놀이의 특유한 냄새는 화약으로 인한 이산화항 냄새입니다. 소량의 금속과 분말을 섞어 불꽃에 색을 입힐 수 있습니다. 노란색은 나트륨, 녹색은 바륨, 파란색은 구리를 섞습니다.

현대의 총은 무연 파우더를 사용합니다.

화약은 저성능 폭약입니다. 현대의 고성능 폭약은 다이너마이트 및 면화약과 같은 화학물질로 만들어집니다.

영국의 신학자이자 철학자인 로저 베이컨(1214 추정~1294)도 흑색화약에 대한 기록을 남겼습니다. 당시 교리와 상치되는 과학적 내용을 발표하는 것은 종교재판에 회부될 사항이었으므로 화약의 비밀을 라틴어로 수수께끼처럼 기록했습니다.

준비와 실행

고효율의 잘 섞인 혼합물을 만들기 위해서는 성분들을 함께 분쇄해야 합니다.

접시 위에 화약을 한 티스푼 올려놓으면 번쩍하며 타오를 뿐, 폭발하지는 않습니다. 하지만 한 티스푼의 화약을 성냥갑이나 테이프로 두른 후 점화하면 뜨거운 가스가 빠져나가지 못하고 팽창해 폭발합니다.

수백 년 동안 이 프로세스는 총과 광부들의 바위 폭파 용도로 사용됐습니다.

로켓

로켓은 반동 전동기가 추진하는 운송 수단입니다.
어떤 행동이라도 동일한 반대되는 반응이 있다는 뉴턴의 원리를 이용합니다.

반응 원리

가장 간단한 형태의 로켓은 한쪽에서만 연료를 방출하는 튜브를 지닌 것입니다. 뉴턴의 운동 법칙에 따라 한 방향으로 나아갈 때, 그와 동등한 힘이 반대 방향에서 작용하여 로켓을 앞으로 움직이게 합니다. 연료가 빨리 배출될수록 배출 방향과 반대 방향으로 더 빨리 이동합니다.

연료의 종류

로켓은 압축공기와 물, 화학물질과 원자 폭발물 등 다양한 것들을 연료로 활용할 수 있습니다. 대부분은 뜨겁고 팽창하는, 가스를 만드는 연료를 사용해 배출 시 발생하는 힘으로 로켓을 전진시킵니다. 로켓 전문가들은 지속적으로 연소하면서도 무게 대비 가장 많은 추진력을 제공하는 연료를 계속해서 찾고 있습니다.

무게

추진력

배기 가스의 이동

제트 엔진

제트 엔진은 로켓 엔진의 일종으로, 주변 공간에서 흡수한 물질을 연료로 활용한 후 배출합니다.

장난감? 아니면 무기?

최초의 화약 무기는 아마도 대나무 통에 화약을 채워 넣은 단순한 로켓이었을 겁니다. 이걸 불꽃놀이 용도로 쓸 수도 있었고 소음이나 혼란, 화재를 퍼뜨리기 위해서도 사용했을 겁니다.

콩그리브스

제국주의 시대, 영국군이 로켓을 장착한 중국군과 인도군을 마주했습니다. 이는 영국인 윌리엄 콩그리브 경이 콩그리브 로켓을 개발하는 계기가 되었습니다. 이 로켓이 19세기 초 영국과 미국 군대에서 사용되긴 했지만, 대포의 힘과 범위와 정확도에는 상대가 되지 않았습니다.

V-WEAPONS

제1차 세계대전 이후, 독일군은 일반적인 포병 무기를 개발하는 것이 금지되었는데, 로켓류는 포함되지 않았습니다. 제2차 세계대전이 끝나갈 무렵에 베르너 폰 브라운이 초음속 대륙간 탄도 미사일인 V-2 로켓을 개발하였습니다.

초기의 대포

대포는 거치한 채로 화약을 사용하여 발사체를 추진하는 대형 총기입니다.

서기 12세기 유럽인이 아랍의 화약 무기인 마드파(madfaa)와 맞닥뜨림

1326년 삽화가 있는 문서에 팟디퍼(Pot-de-fer)가 등장함

1331년 전쟁에서 대포가 사용되었다는 최초의 기록

1400년경 청동 주형 대포 등장

1420년경 최초의 바퀴 달린 대포 등장

1450년경 주철 포탄 등장

1453년 오스만 대포가 콘스탄티노플의 성벽을 무너뜨림

1494년 프랑스의 샤를 8세가 2륜 마차에 대포를 달고서 이탈리아를 침략함

대포의 유래

중국인들은 중세시대부터 화약을 무기에 사용했지만, 대포를 개발하지는 않은 것으로 확인됩니다. 유럽인들은 **마드파**라고 불리는 **아랍의 무기**를 통해 총기라는 것을 접했습니다. 현재 실물이 존재하지는 않지만, 짧은 대포 내부의 우묵한 곳에 화약을 다져 놓고, 화약에 불을 붙이면 발사체가 날아가는 무기입니다. 꽃병 모양의 유럽식 대포인 팟디퍼(pot-de-fer)와 비슷한 형태였을 거라고 추측하고 있습니다.

폭격기

화약의 폭발력을 억제하는 배럴 제작기술을 습득하고서야 '**최초의 폭격기**'라고 불리는 초기 대포를 개발했습니다. 철판과 철봉 등으로 포의 몸통을 만들었고, 나무 더미 위에 거치시켰습니다.

금속 괴물

유독 크기가 **거대한 폭격기**도 있었습니다. 1457년, 몬즈 메그는 길이 4m, 무게 6t인 대포로 150kg의 돌을 3km까지 발사했습니다.
1453년 콘스탄티노플을 공략하기 위해 만들어진 **바실리카**라는 이름의 폭격기는 구경의 지름이 36인치였고, 운송에 200명의 사람과 60마리의 황소가 필요했습니다. 장전에는 1시간이 걸렸고, 725kg의 대포를 1.6km까지 발사했습니다. 몇 번의 발사 후에는 망가져버렸습니다.

항공우주공학 & 군사공학

극도의 발전

대포의 **파워와 효과를 제한하는 요소**로는 포탄과 대포 직경의 적합성, 대포를 만들 때 사용되는 재료의 강도, 화약의 품질, 대포의 이동성이 있습니다.
이 요소들은 **때때로 연관성을 갖기도 하는데**, 내구성이 강한 금속은 쉽게 파손되지 않으면서도 가벼운 대포를 만들 수 있었고, 이동성과 조준에도 용이했습니다.
공학적 설계가 발전함에 따라 직경에 딱 맞는 포탄을 더 좋은 화약으로 만들어 강한 포탄을 만들어냈습니다. 15세기 말에 이르러서는 내구성이 좋으면서도 작고 가벼워 이동성이 좋은 대포를 만들 수 있었습니다.

대포

초기의 대포는 공성용으로만 사용되었습니다.
전쟁 중에 다른 전술 목적으로도 사용하고자 했다면, 이동성이 좋아야 했을 겁니다.

총열의 가공

공학의 발전으로 포탄을 정밀하게 제작할 수 있게 되면서 불필요하게 누출되는 가스의 양을 줄일 수 있었습니다. 따라서 더 적은 양의 화약으로 같은 발사력을 유지할 수 있었는데, 폭발력이 적어진다는 것은 포신과 총열이 얇아도 된다는 의미가 되므로 더 가볍고 이동성이 좋은 대포를 제작할 수 있게 되었습니다.

표준 대포

1776년 프랑스의 포병감인 장 그리보발의 요청으로 더 가벼운 대포가 등장했고, 이를 통해 포의 모든 시스템을 재설계했습니다. 중구난방이던 포와 포탄, 마차의 규격 등을 모두 표준화하여 훨씬 가볍고 기동성을 높였습니다. 포차를 끄는 말의 수가 12마리에서 6마리로 줄었습니다.

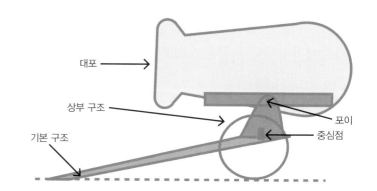

- 대포
- 상부 구조
- 포이
- 기본 구조
- 중심점

포탄의 종류

대포는 다양한 목표물을 효율적으로 처리하기 위해 다양한 유형의 포탄을 사용했습니다. 요새를 부수는 데는 무거운 포탄이 유효했고, 사람에게는 산탄이나 포도탄이 치명적이었습니다. 벽이나 언덕 위의 목표물에는 포물선 궤도로 발사했지만, 속도가 감소하는 문제가 있었습니다. 따라서 때로는 폭발성 포탄을 박격포로 발사하기도 했습니다.

무강선 VS 강선

총신 내부에 **강선**을 적용하면 내부의 나선 홈을 이용해 **발사체에 회전을** 더해 안정적**이고도 정확한 사격**이 가능하지만, 긴 원통형 탄환이나 탄피만 사용 가능했습니다. 이들은 일반적으로 무강선총포보다 포구 속도(포탄이 포구를 떠나는 순간의 속도)가 느렸지만, **날아가는 속도는 더 빨랐습니다. 운동에너지**는 ½ 질량 × 속도의 제곱이기 때문에 발사체의 속도가 가장 중요한 요소입니다. 따라서 **짧은 거리**에서는 무강선총포가 강선총포보다 효과적일 수 있습니다.

후미장전식 대포

현대의 대포는 400년 이상 거쳐온 공학적 개선의 결과입니다.
강력하면서도 가벼워 이동이 가능한, 강철 총열을 가진 후미장전식 대포를 만들어냈습니다.

빅 베르타포

곡사포는 대포의 **직접사격 능력**과 **박격포의 포물선 사격 능력**을 겸비한 총기입니다. **멀리서** 적군과 구조물을 공격할 때 사용되었습니다. **제1차 세계대전 때**, 객차 위에 실리는 **곡사포**는 엄청난 크기였습니다. 당시 가장 유명한 철도 곡사포인 빅 베르타포(제1차 세계대전 당시 독일군의 거대한 대포)는 17인치 구경을 가졌고, 780kg의 포탄을 14.5km까지 멀리 발사했습니다.

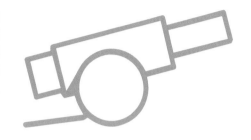

약실 챌린지

대포의 총구로 화약을 넣는 **전장식 대포**는 장전이 느리고 다루기 어려웠을뿐더러, 강선을 적용할 수 없었습니다. 반면에 **후미장전식**은 대포의 뒤에서 화약을 넣는 방식이므로 자칫하면 **뜨거운 가스가 대포 뒤의 작업자 쪽으로 폭발할 위험**이 있었습니다. 이런 위험을 막기 위해 **약실**(탄환 삽입 부분)의 가장자리를 **밀봉**하는 것이 중요했습니다.

19세기 중반에 발견된 해결책으로는 부드러운 금속으로 만든 고리와 버섯 머리 볼트, 인터럽티드 스크루가 적용된 약실, 확장된 탄약통의 사용 등이 있습니다.

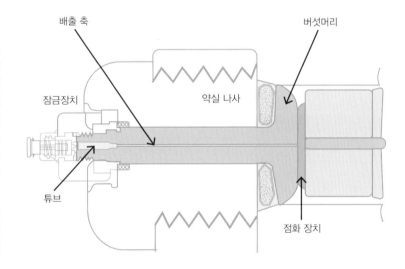

배출 축
버섯머리
약실 나사
잠금장치
튜브
점화 장치

인터럽티드 스크루(나사 약실 폐쇄)

인터럽티드 스크루를 사용하여 **약실을 신속히 닫을 수 있게 되었습니다**. 후미장전식 대포의 구경 뒷면에는 나사 구조와 이를 밀봉하기 위한 플러그가 있었습니다. 약실을 밀폐할 때 나사마다 플러그를 돌릴 필요 없이, **힌지에 장착된 플러그를 이용해 단번에 모든 나사가 맞물리게 했습니다**. 작업 속도가 매우 빨라졌습니다.

화기와 대포

화기는 고압가스를 빠르게 팽창시켜 발사체를 발사하는, 목표물에 피해를 입하는 총기류입니다.
대포는 기관포와 같이 더 강력한 등급의 무기입니다.

해부학적 구조

한쪽 끝이 폐쇄된 총신에 화약과 총알이 위치합니다.
화약이 점화되면, 총신에서 총알이 추진됩니다.

무기의 유형

권총의 한 종류인 리볼버는 회전식 탄창이 내장되어 있습니다. **총알 5~6개가 각각의** 탄창 공간에 들어가 **빠른 연사**가 가능합니다.

새뮤얼 콜트의 리볼버는 1800년대 중반 미국에서 널리 사용되었으며 오늘날에도 미국에서는 그 인기가 여전합니다.

피스톨은 **총신이 약실과 통합**된 **권총**입니다.

가장 초기의 총은 **서기 1,000년경 중국**에서 화약의 발명과 함께 만들어졌습니다. 당시의 총신은 **대나무**로 만들어졌습니다.

대포는 일반적으로 **화물칸**이나 견고한 지대에 **설치하는 대형 중화기**입니다. 포병이 담당합니다.

나팔총은 나팔 모양의 짧은 총신을 가진 총입니다. **산탄을 발사**하여, 단거리에서만 효과적이었으며 소음과 파괴력이 엄청났습니다.

포병들의 무기는 매우 깁니다. 삼각대, 화물칸, 선로, 선박에 설치되며 주로 **폭발**하거나 방화물질이 포함된 포탄을 사용합니다. 추진체는 니트로셀룰로오스와 니트로글리세린의 혼합물입니다.

소총은 **어깨에 대고 쏘는** 기다란 총입니다. 단일 탄환이며 니트로셀룰로오스를 추진체로 사용합니다. 총신에 강선을 적용해 안정적이고도 **정확한 사격**이 가능합니다.

현대의 산탄총은 **긴 총신을 지녔으며 다양한 크기의 산탄**을 사용합니다. 판지 탄환통 안에 화약을 담아 탄환을 만듭니다. 사거리는 **약 45m**로 매우 짧습니다.

비행선

공기보다 밀도가 낮은 부양 기체를 가득 채웁니다.
느릿느릿하지만, 새로운 비행선의 개발과 함께 용도를 지속적으로 찾고 있습니다.

1783년 몽골피에 형제가 2명의 성인 남자를 열기구에 태워 비행하는 데 성공했고, 자크 샤를은 부조종사와 함께 수소가스를 가득 채운 열기구로 비행에 성공함

1785년 장피에르 블랑카르드는 펄럭거리는 날개가 달린 열기구를 타고 영국 해협을 건넘

1900년 7월 독일의 페르디난드 폰 제펠린이 LZ1(Luftschiff Zeppelin)이라는 비행선을 제작하면서 비행선 산업이 시작됨

1914~18년 제1차 세계대전에서 독일군은 정찰과 폭격을 위해 비행선을 사용했지만, 악천후와 다른 항공기의 공격에 취약했음

1930년대 저먼 제펠린 비행선에는 개인실, 전망대, 식당이 있었고, 원양정기선보다 빨랐으며 기존 항공기보다 더 많은 승객을 태울 수 있었음

힌덴버그 참사

1937년 5월 6일 발생한 큰 재난입니다. 힌덴버그가 뉴저지주 레이크허스트에 접근하던 중 **불이 붙어 추락**했습니다. 36명이 **사망**하였으며, **61명은 살아남았습니다.**

그때와 지금

초기의 비행선은 그저 **큰 풍선**이었습니다. 승객과 화물은 풍선 아래에 매달린 곤돌라에 탑승했습니다. 오늘날의 비행선은 헬륨으로 가득 채우고 감시, 탐사, 외진 장소(도로가 없는 산, 높은 댐)로 **짐을 운반하는 용도**로 사용됩니다.

항공우주공학 & 군사공학

수소 VS 헬륨

수소는 쉽게 구할 수 있는 **가장 밀도가 낮은 기체**이지만, **가연성**이 높아 매우 위험합니다. 힌덴버그 참사는 수소 비행기의 종말을 불러왔습니다. 헬륨은 수소보다 **밀도가 높고** 구하기도 어렵지만, **타지 않는다**는 가장 큰 이점이 있습니다.

동력 비행

동력 비행은 산업시대의 가장 큰 공학 과제 중 하나였습니다.
자체 중량을 극복할 만큼 충분한 양력을 생성하고 유지할 수 있는 기계가 필요했습니다.

빗면

초기의 항공 개척자들은 새를 모방하여 **회전운동을 하는 날개**를 설계하려 했습니다. 영국인 조지 케일리가 동체에 날개를 고정한 **고정익**이라는 개념을 개발했는데, 비행기의 표면을 날개를 가로질러 흐르는 공기와 일정한 각도로 설정하는 것이었습니다. 공기가 날개에서 방향을 바꾸어 아래로 향하면, 그와 반대되는 힘이 날개를 들어 올렸습니다.

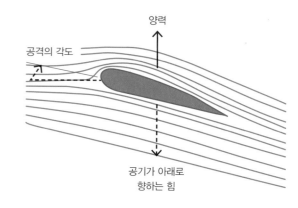

벡터량

케일리는 항공기에 작용하는 **4개의 벡터량**인 **추력, 양력, 항력, 중력**을 최초로 밝혀냈습니다.

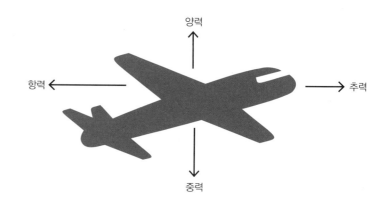

에어리얼 트랜짓 컴퍼니

케일리의 아이디어를 이어 영국의 공학자인 윌리엄 헨슨과 존 스트링펠로가 단엽기 디자인을 개발했습니다. 커다란 빗면 날개가 양력을 발생시키고, 수직 안정판과 방향타가 흔들림을 제어하며 경량 증기기관이 프로펠러를 가동하여 추력을 발생하는 것이었습니다. 1843년에는 국제항공사인 에어리얼 트랜짓 컴퍼니를 설립하려고도 했습니다.

스트링펠로의 3엽 비행기

계속해서 도전이 실패하자 헨슨은 미국으로 이주했습니다. 스트링펠로는 포기하지 않고 개발을 계속했는데, 증기기관이 승객을 태울 만큼의 동력을 제공하지 못하는 문제를 해결할 수 없었습니다. 문제를 극복하지 못한 채로 1868년에 수정궁에서 개최된 항공 전시회에서 3엽 비행기 모델을 발표했으며 가이드 와이어에 고정한 상태로 전시되었습니다. 끝까지 사람이 타는 비행기는 발명하지 못했습니다.

기관총

총알을 계속 발사할 수 있도록 탄창의 교체를 자동화한 화기입니다.
전쟁의 전술을 변형시키며 지독하리만치 끔찍한 결과를 초래했습니다.

완전 자동화

기관총의 기본 원리는 **탄환의 발사**, **빈 탄약통 배출**, **다음 탄환의 장전**, 그리고 **또
다시 발사**하는 과정을 **자동화**하는 것입니다. 이를 위해서는 어떠한 형태의 **전력이**
나 **구동 장치가** 필요합니다. 1885년 **최초의 완전 자동식 기관총**을 발명한 프랑스계
미국인 발명가 **하이럼 맥심**은 소총을 발사한 뒤에 따라오는 **반동**으로 어깨를 다쳤
을 때 영감을 받았다고 합니다. 막심은 그 반동을 이용해 기관총을 구동했습니다.

가스 작동식

총기의 반동은 발사체가 발사되는 힘과 동등한 **반작용**이며, 이 반작용과 다른 요소
들을 이용해 기관총을 구동합니다. 또 다른 요소로는 사격 시 화약이 폭발할 때 발
생하는 뜨거운 기체의 압력이 있습니다. 예를 들어 '루이스 경기관총'에서는 뜨거운
가스가 노리쇠에 연결된 피스톤을 구동해 피스톤을 뒤로 끌어당기며, 동시에 튀어
나오는 스프링을 압축해 노리쇠를 다시 닫았습니다.

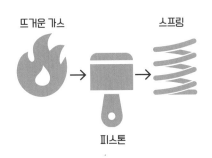

뜨거운 가스 → 피스톤 → 스프링

살상력

아무리 숙련된 소총수라도 1분에 최대 15발을 쏠 수 있는 반면, 기관총 사수는 1분
에 600발을 쏠 수 있었습니다.

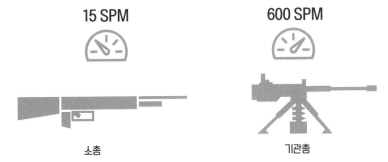

15 SPM   600 SPM

소총   기관총

브라우닝의 중기관총

미국의 총기 설계자 존 브라우닝
이 반동으로 작동하는 중기관총을
설계했는데, 맥심의 총보다 가볍고
단순하며 값이 싸고 내구성이 좋았
습니다. 1917년 5월 미 육군에서 시
연할 때 하나의 부품이 고장났음에
도 4만 발을 발사했습니다.

라이트 형제

라이트 형제는 그들만의 독창성과 체계적인 접근법으로
많은 사람이 실패했던 항공공학 분야에서 성공할 수 있었습니다.

자전거 형제들

윌버 라이트와 오빌 라이트는 1878년에 아
버지가 장난감 헬리콥터를 사준 이후 줄곧
항공에 대한 관심을 키워온 **자전거 공학자**
였습니다.

단계적으로

연을 시작으로 글라이더를 개발하고 마침
내 동력 비행선을 만드는 등 시제품 제작
과 시험단계를 거치며 비행선을 체계적으
로 발전시켜나갔습니다.

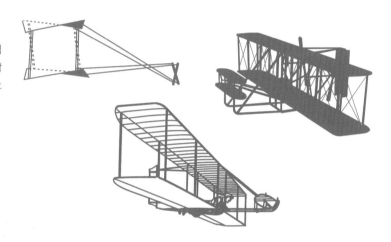

비틀린 날개

조류를 관찰하다 영감을 얻은 라이트 형제는
균형과 통제력을 위해 각도를 조절할 수 있
는 '비틀리는' 날개를 설계했습니다.

경량

경량의 목조 비행기를 개발했습니다. 직물을 설계에 반드시 포함했는데, **날개를 천으로
감쌌습니다**. 무게가 가벼우면서도 탄력적인 구조의 비행기였습니다.

알루미늄 엔진

형제들은 **혁신적인 알루미늄 케이스와 자
체 엔진을 개발**했습니다. 극도로 **가벼운**
알루미늄은 항공에서 중요한 재료가 되었
습니다.

비행 중

1903년 12월 17일, 윌버가 조종한 플라
이어 1호는 무거운 동력 비행선으로서
최초로 자유로운 비행을 달성했습니다.
59초 동안 260m를 비행했습니다.

탱크

탱크의 등장으로 전쟁의 본질이 바뀌었습니다.

도전 과제

제1차 세계대전 당시 서부 전선의 전장에서 공격에 투입되는 보병들에게는 끔찍한 과제가 가득했습니다. 사람을 위축시키는 무자비한 기관총 발사. 걷잡을 수 없이 무너지는 진흙투성이 지형. 철조망 등의 진입방지 장벽. 지리적으로 좋은 방어 위치⋯

육상 철갑함

H.G. 웰즈의 1903년 단편 소설 "육상 철갑함"는 전장의 방어진형을 거침없이 파헤치는. 애벌레 같은 발걸음을 가진 거대한 "육지의 배"를 묘사했습니다. 소설에서는 무거운 무장을 움직일 수 있을 정도의 동력을 만들어내는 엔진과 전쟁터 지형에 대처할 수 있는 기관차 시스템 등 전장의 난제를 극복하는 데 필요한 요소들을 제시했습니다.

모터 트랙터

이미 기존의 차량에 적용돼있는 내용도 있었습니다. 홀트 모터 트랙터는 파손된 지상을 돌아다닐 수 있도록 무한궤도 스레드를 장착한 크고 무거운 차량입니다. 영국 엔지니어들은 이 모델에서 새로운 군용차량에 관한 영감을 얻었습니다. 낮은 무게 중심. 강력한 장갑. 무한궤도 트랙을 갖춘 이동식 화기 차량 말이죠.

항공우주공학 & 군사공학

Mk I 탱크

Mark I 탱크는 무한궤도 트랙이 선체를 마름모꼴로 둘러싼 형태였습니다. 선체의 각진 추력으로 장애물을 넘었으며. 트랙이 떨어질 가능성도 적었습니다.

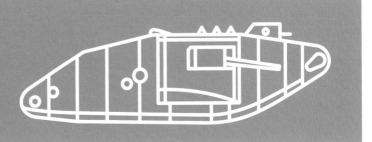

UAV 드론

일반적으로 드론은 원격제어가 가능한 차량을 말합니다.
무인항공기(UAV)라고 알려진 자동조종항공기의 약칭입니다.

1849년 오스트리아인이 베네치아를 공격하며 폭탄을 실은 자동조종 풍선을 발사함

1898년 세르비아 발명가 니콜라 테슬라가 무선으로 조종하는 배를 시연함

1915년 미국 발명가 엘머 스페리가 자이로스코프 유도 메커니즘으로 안정화된 경량의 공중어뢰를 설계함

1939년 원격조종 장난감 항공기의 애호가인 영국의 영화배우, 레지날드 데니가 미군에 수천 대의 OQ-2 무선비행기를 판매함

1940년대 당시의 무선조종비행기로는 독일의 아르구스 에스 292, 영국의 퀸비, 미국의 TDR이 있었음

1960~70년대 미군이 정찰을 위해 AQM-34 라이언 파이어비 드론을 사용함

1970~80년대 이스라엘인이 글라이더 스타일의 드론을 개발함

1994년 미국의 군사용 무인 항공기인 프레데터 드론의 최초 비행

텔레오토마톤

원격조종을 활성화한 핵심기술은 무선 라디오 전송기술이었습니다. 무선기술의 선구자인 세르비아의 발명가 니콜라 테슬라가 1898년 매디슨 스퀘어가든에서 열린 전기박람회에서 '텔레오토마톤'을 소개했습니다. 이는 암호화와 정교한 무선 조종을 통합한 작전용 보트였습니다.

시야까지만

무선으로 원격제어를 할 수 있게 되었지만, 운전자가 차량을 볼 수 있는 **가시거리까지만** 가능했습니다. 실시간 카메라가 사용되면서 이러한 제한이 해결되었습니다.

UAV 로직

기존의 항공기에 비해 UAV는 다양한 이점이 있었습니다. 저렴하고, 운송이 용이하고, 많은 수를 운용할 수 있고, 연료의 사용량이 적었습니다. 무엇보다도 작전요원이 위험할 일이 적다는 것이 가장 큰 장점입니다.

수적으로 우세한

2005년에는 미군 항공기의 단 5%만이 드론이었습니다. **오늘날 UAV는 미군의 유인 항공기보다 더 많습니다.**

제트 엔진

프로펠러를 구동하는 내연기관은 속도의 한계가 있었습니다.
반응 원리를 이용한 새로운 엔진의 설계로 성능이 엄청나게 향상되었습니다.

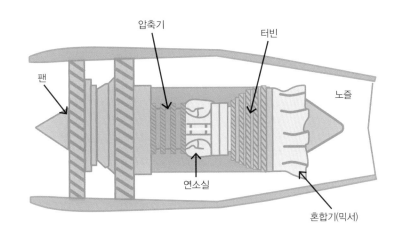

반동 엔진

제트는 연소시킨 고온의 가스를 분출하여, 그 **반동으로 추진력을 얻는 엔진**입니다. 항공 제트기는 엔진의 전면에서 공기를 흡입하여 압축한 뒤, 연료로 연소시켜 팽창하는 뜨거운 가스를 생성합니다. 이 가스를 반대쪽 끝에서 분출하며 추진력을 얻습니다.

터보제트

최초의 제트 엔진은 팽창하는 연소가스가 후방 노즐로 배출되기 전에, **그 가스로 터빈을 돌리는 터보제트였습니다.** 들어오는 공기를 압축하는 역할을 하는 엔진의 압축기에 터빈으로 전원을 공급했습니다.

압축기

터빈

팬

노즐

연소실

혼합기(믹서)

제2차 세계대전 제트 엔진

영국의 파일럿인 프랭크 휘틀은 1930년에 최초로 터보제트 설계 특허를 받았지만, 실제로 운행하는 데에는 11년이 더 걸렸습니다. **1939년** 독일 공학자 **한스 폰 오하인**이 실제로 작동하는 터보제트 개발에 **먼저 성공하여** 하인켈 HE 178에 탑재되었습니다. 1942년 제너럴엘렉트릭사에서 미국 최초의 제트기인 XP-59A 실험용 항공기를 만들었습니다.

터보팬 엔진

오늘날의 제트 엔진은 대부분 터보팬 엔진입니다. 터빈을 이용해 엔진 전면에 있는 팬에 동력을 공급합니다. 팬은 여분의 공기를 끌어들이고, 후방의 뜨거운 배기 공기와 섞이기 전에 공기의 흐름을 분할하여 여분의 공기가 엔진 바깥쪽을 순환하도록 합니다.
이 방식으로 연료의 소비를 증가시키지 않고서도 추력을 높였고, 엔진이 조용해지는 효과까지 얻었습니다.

헬리콥터

고정익 항공기는 차량 전체가 공기를 통과해 앞으로 움직이는 것으로 양력을 생성합니다.
헬리콥터는 날개만 공기를 통기하면 항공기 전체가 수직으로 상승할 수 있다는 원리로 작동합니다.

다빈치의 헬리콥터

일부 나무는 떨어질 때 회전하는 씨앗을 맺습니다. 씨앗은 회전하면서 더 천천히 떨어지고, 바람을 맞으며 더 멀리 퍼져나갈 수 있습니다. 아마도 이러한 자연적 설계에서 영감을 얻어 고대 중국인과 레오나르도 다빈치가 회전하여 상승하는 방식의 비행기를 설계했을 겁니다. 다빈치는 나선형 나사를 설계하기도 했습니다.

날개 들어올리기

헬리콥터의 회전하는 날개(로터)도 **비행기의 날개와 같습니다.** 공기를 가르며 이동할 때와 공기가 날개 위를 흐를 때, 양력을 발생시킬 수 있는 단면으로 되어 있습니다.

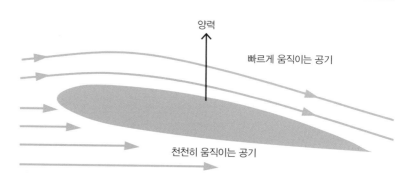

양력

빠르게 움직이는 공기

천천히 움직이는 공기

회전력 이야기

헬리콥터가 회전하는 순간에도 로터는 동체에 회전력을 가합니다. 따라서 **동체가 로터의 반대 방향으로 회전하지 않도록** 헬리콥터 설계자는 두 가지의 방법을 사용했습니다.

역회전 날개 : 두 개의 로터가 서로 반대 방향으로 회전하여 서로의 회전력을 상쇄시킴

테일 로터 : 수직면으로 회전하며 동체의 회전력을 반대로 전환하여 반동을 상쇄시킴. 동체를 통제하는 용도.

시코르스키

러시아계 미국인 항공공학자인 이고르 시코르스키가 헬리콥터를 최초로 설계했다거나 최초로 비행한 것은 아니지만, 헬리콥터의 아버지라고 불립니다.
1939년에 그가 만든 VS-300을 모델로 하여 **이후의 헬리콥터가 개발되었기** 때문입니다.

도약폭탄

영국의 항공기 설계자인 반스 월리스는 공학이 제2차 세계대전의 결과에 결정적인 역할을 할 것이라고 확신했습니다.
스스로 '도약폭탄'을 만들어 도움을 얻기도 했습니다.

폭파되지 않을

공업지대에 물과 전력을 공급하는 독일의 루트 계곡의 댐은 연합군이 반드시 파괴해야 할 목표물이었습니다. 그러나 당시의 폭탄으로 **파괴하기에는 댐이 너무 컸고, 그물이 쳐져 있어서 어뢰로 공격할 수도 없었습니다.** 이 댐은 폭파되지 않을 것 같았습니다.

업킵(Upkeep)과 하이볼(Highball)

반스 월리스는 수면 위를 날아 그물을 피하고, 댐에 부딪히기 전에 가라앉아 수면에서 폭발하는, 기반을 부시기 위한 미사일에 관한 아이디어를 떠올렸습니다. 이 아이디어로 전함 파괴용의 작은 폭탄 **'하이볼'**을, 댐 파괴용의 큰 폭탄인 **'업킵'**을 개발했습니다.

역회전

이 폭탄(정확하게는 팅기는 지뢰)들은 **폭발 위치 부근에서 폭발 위치로 움직여야** 했습니다. 정확한 속도(500rpm)로 **역회전**하며 기능했습니다. 이러한 역회전 방식은 폭탄을 폭격기의 경로보다 뒤쪽에 떨어뜨릴 수 있어서, 폭격기가 도망칠 시간을 확보하는 데도 도움이 되었습니다.

댐 파괴자

봄비를 저수지에 가득 메운 후에 댐을 폭파하려는 계획을 세웠습니다. 특수 개조된 랭커스터 폭격기 비행대대가 두 달 동안 업킵 폭탄을 발사하기 위한 저공비행 훈련을 진행했습니다.
1943년 5월의 16~17일, 617중대는 두 개의 거대한 댐을 성공적으로 파괴하고 다른 댐까지 손상시켰습니다. 19대의 비행기 중 8대가 실종되었고, 53명이 목숨을 잃었습니다.

| 19대의 비행기 | 8대가 행방불명됨 | 53명 사망 |

튀어 오르는 통

원래의 디자인은 월리스가 욕조 안에서 구슬을 가지고 했던 실험을 바탕으로 구 형태의 폭탄이었으나, 통 모양으로 결정되었습니다.

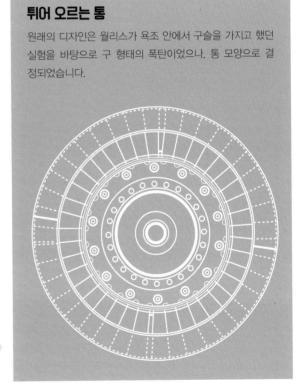

원자폭탄

원자폭탄을 위대한 과학적 업적으로 생각하지만, 사실 전쟁 이전부터 알려진 개념이었습니다.
진정한 도전은 바로 공학적인 부분이었습니다.

연쇄반응

원자폭탄의 과학적 핵심은 아인슈타인의 유명한 방정식인 $E=mc_2$입니다. 이 방정식은 소량의 질량이 엄청난 에너지로 변환될 수 있다는 것을 보여 주었고, 올바른 종류의 불안정한 방사성핵을 가진 원소에서 연쇄반응이 일어날 수 있다는 헝가리 물리학자 레오 실라르드의 이론을 증명했습니다. 바로 '핵분열성 물질'입니다.

핵분열 동위 원소

1940년 미국 정부에서는 원자폭탄 제작의 가능성을 조사하기 위해 우라늄 프로젝트를 시작했습니다. 조사결과 필요한 핵분열 물질이 우라늄의 특정 동위원소인 U-235로 확인되었지만. 이는 **자연적으로 발생하는 우라늄의 0.7%**에 불과했습니다. 폭탄을 만들기 위한 충분한 U-235를 분리해내는 것이 큰 공학적 과제였습니다.

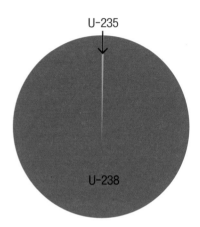

U-235

U-238

자연적으로 발생하는 우라늄

우라늄 농축

우라늄 동위원소를 분리해 폭탄에 필요한 U-235를 생산하기 위해 테네시의 오크리지와 워싱턴의 핸포드에 광대한 공장을 건설했습니다. 열 확산. 전자기 분리. 기체 확산 등의 기술이 사용되었습니다.

히로시마

1945년 8월 6일. 원자폭탄인 리틀보이는 히로시마 상공 약 550m에서 폭발했습니다. 가로 3m, 지름 71cm의 사이즈에 단지 140lb의 우라늄 연료를 담고 있음에도, **15,000톤의 TNT**에 해당하는 힘을 발휘했습니다. 제로 지점에서의 충격파는 980mph의 바람과 평방 피트당 8,600lb의 압력을 발생시켰습니다. 충격으로 인해 **도시의 약 13km²가 납작해졌습니다.**

폭탄 설계

리틀보이는 뉴멕시코 로스 알라모스의 한 과학자팀이 설계했습니다. 히로시마에 투하될 리틀보이는 '총' 타입의 폭탄이었는데, 임계 이하 질량의 U-235 알갱이가 총알처럼 임계 이하 질량의 U-235 수신기로 발사되면. 이 둘이 결합하면서 임계 질량에 도달하여 핵분열 연쇄반응을 일으켰습니다.

스푸트니크

1957년 10월 4일 최초의 인공위성 발사로 인해 우주시대가 시작됐고,
동시에 구소련과 미국이 우주경쟁을 개시했습니다.

뉴턴의 대포

위성의 개념은 17세기 아이작 뉴턴의 작품으로 거슬러 올라갑니다. 케플러의 궤도 역학을 기반으로, **뉴턴은 수평으로 발사된 대포가 중력으로 인해 포물선 궤도로 떨어진다는 것을 보여주었습니다.** 그런 다음, 만약 대포알이 포물선을 그리며 지구 곡률 너머로 날아갈 정도의 빠른 속도로 발사된다면 어떻게 될 것인지를 물었습니다. 뉴턴은 영원히 지구로 떨어지겠지만, 영원히 사라지게 될 것이라고 말했습니다. 우리의 천연 위성인 달처럼 지구 주위를 공전할 거라는 말입니다.

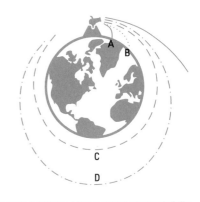

오브젝트 D

독일의 V-2 프로젝트의 성공은 장거리 탄도 로켓 기술이 이미 존재했음을 보여줍니다. 러시아 과학자인 콘스탄틴 치올코프스키는 1900년대 초부터 로켓이 '열차'의 형태로 제작되어 우주여행을 할 수 있을 거라고 예측했습니다.

러시아 로켓 과학자들은 그 중간단계로 무인물체의 발사를 제안했고, 과학적인 도구들로 가득찬 야심찬 위성인 오브젝트 D의 개발이 시작되었습니다.

가장 단순한 위성

러시아는 미국과의 우주경쟁에서 반드시 이기고자 했습니다. 러시아의 R7 로켓이 오브젝트 D를 추진할 힘이 없다는 것이 밝혀지자, **차선책으로 '가장 단순한 위성',** 프로스티시 스푸트니크를 만들기로 했습니다. 암호명이었던 **PS는 스푸트니크 1호로** 세상에 알려졌습니다.

스푸트니크 디자인

무선 송신기, 배터리, 내부 온도 조절용 팬, 열과 압력 변화에 대응하여 무선 전송의 주파수를 조절하는 스위치 등을 포함하는 두 개의 절연된 광택 반구형 쉘로 구성되었습니다.

아폴로 계획

우주시대의 결정적인 공학적 업적인 달 착륙은
아폴로 로켓 프로그램의 정점이었습니다.

팀의 노력

아폴로 우주 프로그램에는 40만 명의 공학자와 과학자와 기술자(2만 개가 넘는 기업과 대학)가 참여했습니다. 기본 미션 아키텍쳐의 설계, 역사상 가장 강력한 로켓 개발, 우주 진공의 조건 예상, 가볍고 기동 가능한 달 착륙선 설계 등 **수많은 공학적 난제를 극복했습니다.**

미션 아키텍쳐

설계 초기부터 중요시했던 것은 우주비행사들이 **달에 착륙하는 방법**이었습니다. NASA 공학자 존 후볼트의 비전과 끈기로 '달 궤도 랑데부' 모델이 채택되었습니다. 단일 발사체를 사용하여 모선과 착륙선을 직접 달로 보내는 기술적으로 복잡하고도 까다로운 계획이었지만, 우주선이 더 작아질 수 있다는 장점이 있었습니다. 우주선이 작아지면 연료도 덜 들고, 착륙과 이륙이 용이합니다.

빅 부스터

달 탐측선 발사를 위해 개발된 새턴 V 로켓은 기존의 로켓보다 훨씬 컸습니다. 3백만 개가 넘는 부품으로 구성된 3단 로켓으로 높이가 110m에 달했으며 3,400t의 추력을 발생시켰습니다.

진공 패킹

공학자들은 구성 요소들이 **우주의 가혹한 조건**에 어떻게 반응할지를 고려해야 했습니다. 예를 들어, 지구상에서는 동결 수증기 층에 의해 보호되는 과냉각 연료 공급라인이 **진공에서는 취약할 것**이라 파악하고, **사고를 방지하기 위해 강철망을 보강**했습니다.

오직 입석만

달 착륙선의 무게를 줄이는 것도 중요한 과제였습니다. 우주 비행사들이 적절한 시야를 확보하기 위해서는 큰(따라서 무거운) 창문이 필요했습니다. 공학자들은 우주 비행사들이 앉지 않고 일어서 있다면, 더 작은 창문으로도 시야를 충분히 확보할 수 있다고 판단했습니다.

위성항법시스템

여러 글로벌 위성 내비게이션 시스템 중 하나인
위성항법시스템(GPS)이 곧 이러한 기술들의 총칭이 되었습니다.

GNSS

GNSS는 글로벌 위성항법시스템입니다. 여러 개의 다른 시스템이 탑재되어 있으며, 각각이 자체의 위성에서 작동합니다. 미국의 NAVSTAR GPS, 러시아의 GLONASS, EU의 갈릴레오 위성 시스템이 있으며 중국에서는 베이더우-2를 개발 중입니다.

위성 하늘

GPS 시스템은 지구의 높은 궤도(약 2만 km)에 위치한 **최소 24개의 위성**에 의존합니다. 약 8,700mph의 속도로 이동하고 12시간마다 지구를 공전합니다. 지구상의 어느 지점이든 **최소한 4개의 위성**이 시야를 확보하도록 배치되어 있습니다. 위성들에는 **매우 정확한 원자 시계**가 있어 정확하게 이동합니다.

항공우주공학 & 군사공학

삼변 측량

GPS 수신기는 보통 6~12개의 위성으로부터 **시간 신호**를 수신해 **위성 위치**를 확인하는 것으로 **지구상에서의 위치**를 파악합니다. 3개의 겹치는 원의 교차점을 사용하여 위치를 파악하는 방법인 삼변 측량을 사용해 수신기의 위치를 나타냅니다.

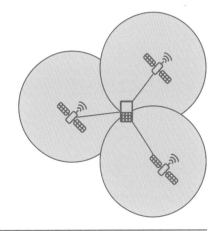

상대성 시계

위성의 고도와 속도 때문에 지구상의 수신기와 위성의 시계에 **차질이 발생합니다.** 그 상대적인 현상을 고려해야 두 시계의 동기화 상태를 유지할 수 있습니다. 이를 고려하지 않으면, 하루만에 약 10km의 위치측정 오류가 발생할 수 있습니다. 이러한 문제를 기발한 공학적 방식으로 해결했는데, **인공위성의 시계가 지구의 시계보다 더 느리게 작동하도록 설정**한 것입니다.

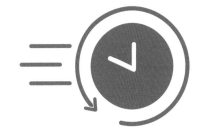

허블우주망원경

1990년에 발사된 허블우주망원경(HST)은 지구에 설치된 망원경이 가진 문제를 해결할 수 있었습니다.
물론, 제대로 작동하기 위해서는 공학적으로 해결할 점들이 있었습니다.

대기의 변형

지상의 망원경은 지구의 대기를 통해 별을 보아야 하는데, 가스와 먼지가 빛을 흡수하여 해상도를 제한하는 광학간섭을 일으킵니다. 별들이 반짝거리는 이유가 바로 공기무리가 이동하며 생기는 대기변형 때문입니다. 건조 지대의 산꼭대기에 망원경을 설치하는 것도 하나의 방법이지만, 최선은 우주에 망원경을 설치하는 것입니다.

집광(빛을 모으다)

허블은 지구 표면 위 559km 상공에서 지구의 궤도를 돌고 있으며, 지구에서보다 많은 빛을 모으기 위해 94.5인치 폭의 주경을 사용합니다.

카세그레인식 반사 망원경

HST는 카세그레인식 반사망원경의 한 종류입니다. 카세그레인식은 주경이 빛을 모아 부경에 반사하면, 부경은 검출기 기기에 초점을 맞추어 빛을 반사합니다. 부경은 주경 뒤에 위치하기 때문에 주경의 중앙에 있는 작은 구멍을 통해 빛을 반사합니다.

초점이 맞지 않음

HST가 설치된 직후에 심각한 문제가 밝혀졌습니다. 거울의 눈에 띄지 않는 결함인 '구면 수차'는 **검출기로 향하는 빛의 초점이 맞지 않는 결함입니다.** 다행히도 HST는 수리와 업그레이드가 가능하도록 설계되었습니다. 1993년, 우주왕복선의 우주비행사들이 구면 수차를 해결하도록 고정체를 설치했고, 그 이후로도 유지보수와 업그레이드 및 교체가 이뤄져 망원경의 수명이 크게 연장시켰습니다.

국제 우주정거장

지금까지 건설된 우주정거장 중 가장 큰 규모인 국제 우주정거장(ISS)은 진정한 국제 공학 협동의 결과입니다.

다목적

ISS의 건설에는 생활공간, 생명유지장치, 작업공간, 과학장비, 발전용 태양전지판, 그리고 도킹이 필요했습니다. 도킹은 승무원과 화물우주선의 연결뿐만 아니라 새로운 모듈의 추가를 위해서도 필요했습니다.

최상급 부동산

ISS는 아주 거대합니다. 미식 축구장만큼 넓고, 많은 생활공간과 작업공간이 있습니다. 객실 6개, 욕실 2개, 체육관, 360도 전망의 창문을 제공합니다. 실험실, 거주구역, 도킹구역, 에어록, 노드 등 15개의 가압 모듈을 갖추고 있으며 7명의 우주비행사를 수용할 수 있습니다.

동력과 물

총 면적이 2,000m² 이상인 대규모 태양전지판으로 84kW의 전력을 공급할 수 있습니다. 물 회수 시스템으로 물을 재활용할 수 있지만, 하루에 약 1.3 L의 물을 추가로 필요로 합니다. 추가분은 지구에서 공급받아야 합니다.

이동식 집

ISS는 90분마다 지구 궤도를 돌며 초당 8km를 이동합니다. 지구를 16번 공전해 매일 16번의 일출과 16번의 일몰을 경험합니다.

이름없는 영웅

탑승한 사람과 일부 과학장치들만이 영광을 독차지하고, 실제 ISS의 가장 중요한 요소들은 조명받지 못합니다. 2개를 예로 들어볼 수 있습니다. 하나는 '캐나다 암2'로 알려진 약 17m의 로봇 팔/크레인으로 7개의 관절과 2개의 손, 125톤을 탑재할 수 있어서 실험을 하거나, 모듈을 조작하거나, 우주비행사를 이동시키는 데 사용합니다. 다른 하나는 ISS의 중추인 **통합 트러스 구조**입니다. 여기에는 전력공급을 위한 대부분의 태양열전지판이 장착되어 있습니다.

ISS 통계	
무게	861,804 lb
길이	73m
너비 (트러스를 따라, 전지판이 확장됨)	109m
높이 (바닥에서 천장까지, 전지판 앞에서 뒤까지)	20m
거주 가능 용량	388m³

미래의 무기

호미닌(분류학상 인간의 조상으로 분류되는 종족)이 석재 무기를 만든 이래로, 공학능력은 군사력의 주요한 요인이 됐습니다. 오늘날에는 또 내일을 위한 무기가 제작되고 있습니다.

에너지 지향 무기

초기 공상과학 소설에 등장하던 레이저나 광선총 같은 에너지 무기는 공병들의 **꿈의 무기**였습니다. 그러나 이를 실현하기 위한 공학과제가 만만치 않았습니다.

가장 큰 문제는 전력으로. 레이저를 효과적으로 사용하려면 트럭만 한 크기의 발전소가 필요합니다. 미래의 기술이 그 크기를 휴대할 만큼 작은 사이즈로 줄인다고 해도. **무기의 휴대용 배터리보다는 수류탄으로 사용하는 게 더 효과적일 겁니다.**

극초음파 발사체

극초음파 발사체는 매우 빨라 방어하기 어렵다는 공격적 이점이 있습니다. 그러나 극한의 열을 극복해야 하고. 극초음속 공기의 흐름을 예측할 수 있어야 합니다.

한가지 해결책으로 발사체 발사 후에 떨어져 나가는 '**이탈피**'라 불리는 보호 커버를 장착하는 것입니다.

새로운 무기, 오래된 문제

레이저와 레일건(자기부상 기술을 이용해 발사체를 운동에너지로 가속시킴) 같은 **최첨단 기술도 총기의 과열, 마모라는 전통적인 과제에 직면해 있습니다.** 현재의 레일건 발사대도 몇 개의 발사체만 발사해도 결함이 발생합니다.

SMART BOMBS

정밀유도탄은 포와 폭격의 명중률을 대폭 향상시켰습니다. 하지만 기존에 비해 비용이 증가했다는 문제가 있습니다. 공병들은 기존의 군수품을 개조하여 간단하고 강력한 유도 메커니즘을 개발해 비용을 줄이고자 합니다.

엘론 머스크

남아프리카공화국에서 태어난 엘론 머스크는 당대의 가장 흥미롭고 선견지명이 있는 공학자입니다.
전통적인 산업을 탈피하고 혁신적 성과를 거두려고 계속된 노력을 더합니다.

두려움 없는

머스크는 공학을 잘만 응용한다면, 근본적으로 **다른 형태의 접근 방식**을 취해 **저렴한 생산**이 가능하다고 확신하며 **광범위한 산업 및 상업적 과제에 도전**하고 있습니다.

전기의 꿈

머스크는 기후변화를 막기 위해서는 운송 부문의 전기화와 배터리 저장 및 재생에너지 발전이 필수적이라고 믿고 있습니다. 그는 전기자동차의 현실화를 위해 배터리가 오래가는 매력적인 전기자동차를 만들기로 결심했습니다. 이를 위한 자금을 마련하기 위해 고급 모델을 제작했고, **이제 테슬라 자동차는 많은 전통적인 자동차 대기업들이 모방하려는 자동차 제조업체가 되었습니다.**

초대형 제조시설(기가팩토리)

가격적정성은 전기차와 같은 와해성 혁신기술을 실현하려는 머스크의 큰 목표 중 하나입니다. 결국 **대량생산**을 할 수 있느냐에 달려 있는 것으로, 이를 위해 그는 배터리와 자동차의 단가를 낮추기 위한 대규모 시설인 '**기가팩토리**' 개발을 추진했습니다.

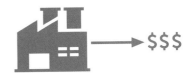

재사용 가능한 우주선

머스크는 우주선 발사에 드는 무지막지한 비용을 낮추기 위해서 우주선을 재사용하기 위한 연착륙 기술을 개발했습니다.
신속한 시제품 제작, 적극적 테스트를 거치며 다양한 공학적 이점을 얻었습니다.

화성탐사

머스크는 **화성 이주 프로젝트**를 실현하기 위해 미션 아키텍쳐를 개발했습니다. 여기에는 상당한 무게를 싣고 궤도로 진입할 **재사용 가능한 우주선**의 신속하고도 저렴한 발사 기술이 수반됩니다. 이는 곧 화성에 갈 수 있는 우주선의 궤도 건설이 가능해졌음을 의미합니다.

우주 엘리베이터

지구의 중력을 벗어나는 비용 문제에 관한 궁극적인 공학적 해결책으로 우주 엘리베이터를 꼽습니다.
아직은 불가능한 기술이므로 공상과학 소재에 단순한 원리를 결합하는 방법을 모색합니다.

테더볼

우주 엘리베이터에 대한 아이디어는 기둥의 꼭대기에 끈으로 매단 공이 획획 돌아가는 **테더볼 게임**에 작용하는 원리를 사용해 지구 표면에서 궤도에 이르는 영구적인 다리를 건설하는 것입니다. 공이 우주에 놓여 있고 공에 달린 끈이 지구에 연결된 것이라면, 공의 궤도 운동으로 인해 끈은 팽팽한 상태가 될 것입니다. 우주 엘리베이터의 개념은 일종의 이동 플랫폼으로써 이 **팽팽한 끈을 오르내리는 것**입니다.

무게추와 케이블

이 엘리베이터는 적도 약 96,560km 상공으로 발사한 무게추와 이를 지구와 연결하는 케이블(아마도 바다 한가운데 위치할)로 구성됩니다. 케이블을 따라 엘리베이터가 정지궤도 정거장을 오르내립니다.

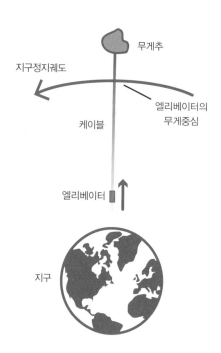

무게추

지구정지궤도

엘리베이터의
무게중심

케이블

엘리베이터

지구

도전 과제

우주엘리베이터 개념의 가장 큰 장애물은 메인 케이블에 사용될 재료를 찾는 것입니다. 우주 파편에 의한 손상도 염려해야 합니다.

탄소 나노튜브 리본

엘리베이터 메인 케이블에 사용할 재료는 믿을 수 없을 정도로 튼튼하면서도 가벼워야 합니다. 케이블이 매우 길 것이니, 가볍지 않으면 엄청난 무게가 될 것입니다. 아직까지 이런 재료가 존재하지 않지만, 미래에는 탄소 나노튜브로 리본의 형태로 케이블을 만들거나 단일 나노튜브를 땋아서 전체 필요 거리만큼 늘려 사용할 수 있을 것이라 기대하고 있습니다.

다이슨 구

공학의 한계는 무엇일까요? 얼마나 먼 우주까지 갈 수 있을까요?
태양계 전체를 재설계할 수도 있을까요?

낭비 에너지

태양은 대량의 에너지를 우주로 방출하고, 그중 **극히 일부가 지구로** 향합니다. 1960년 공학자 프리먼 다이슨은 선진 문명은 태양이 생성하는 **태양에너지를 모두 이용한다는 가설**을 시작으로 태양에너지를 흡수하거나 반사하는 물질로 행성을 완전히 둘러싼 '다이슨 구'라는 거대한 구조를 제안했습니다.

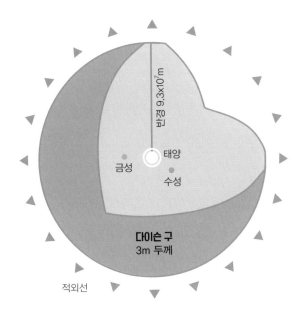

반경 9.3×10^7 m

태양

금성

수성

다이슨 구
3m 두께

적외선

다이슨 고리

다이슨은 조석 변형력 때문에 **실제 재료를 구의 형태로 만들 수 없다**는 걸 깨닫고 다른 방법을 생각해 냈습니다. 항성의 고리처럼 **독립적으로 궤도를 선회하는 태양전지판**을 만들어야 한다고 제안했습니다. 이러한 고리로 항성을 완전히 덮을 때까지 추가로 건설하는 계획입니다.

ET 표시

다이슨은 선진 외계문명의 빛 신호를 찾는 방법으로 구의 개념을 사용하기도 했습니다. 오래 지속된 문명은 곧 에너지 수요를 충족시킬 수 있는 거대한 구조(태양에너지를 사용하는 다이슨 구)일 것이므로, 적외선 신호를 망원경으로 탐색한다면 외계의 존재를 감지할 수 있을 거라고 주장했습니다.

행성을 떼어내다

다이슨 구를 만들 재료가 달이나 행성의 구성 요소일 수 있습니다. 미래의 인간은 반사하는 적철광 층을 만들기 위해 수성에서 철과 산소를 떼어낼지도 모릅니다.

정전기 발생기

전기의 존재와 성질에 대한 초기의 과학적 탐구에서 핵심은 공학이었습니다.
바로크 기계는 점점 더 강력한 정전기 전하를 발생시키기 위해 만들어졌습니다.

호박 문지르기

고대 세계의 **전기 현상**은 **호박**(화석화 된 송진)**을 문질렀을 때** 발생하는 **정전기 효과**와 연관되어 있는데, 17세기 철학자들이 그리스 명칭인 **일렉트럼**(호박금, 자연금과 자연은의 합금)에서 유래하여 '**일렉트릭(전기)**'이라는 용어를 만들어냈습니다. 문질러서 충전된 호박은 **빛을 내고 불똥을 튀겼습니다.**

작은 구체

독일의 발명가 오토 폰 게리케는 나무 컵 위에서 회전하는 유황의 구체를 만들었습니다. 전기 발전기였는데, 손으로 문지르면 정전기가 발생해 불꽃을 일으키거나 충격을 줄 수 있었습니다.

맥주잔 발전기

유리로 만든 구체도 유황만큼 효과가 있다는 것이 밝혀져, 요한 하인리히 윙클러가 페달로 작동하는 회전 기계를 고안해 유리물체를 마찰표면에 대고 회전시켜 정전기를 발생시켰습니다. 윙클러는 무엇보다도 맥주잔이 이상적인 물건이라는 것을 발견했습니다.

전기 키스

기계로 인해 발생되는 정전기를 오락용으로도 사용했습니다. 18세기 프랑스의 살롱(상류층의 사교모임)에서 유행했던 '전기 키스'라는 놀이입니다. 발전기의 정전기를 체내로 저장하고서 다른 사람과 키스를 하면 **저장**된 정전기가 **방출**되면서 따끔한 느낌을 전달하는 놀이였습니다.

라이덴 병

전기공학의 초기 생산물 중 하나는 라이덴 병이라고 불리는 초기 형태의 콘덴서입니다.

전기 유체

18세기의 과학자들은 전기를 이해하고 싶어했습니다. 전기를 **전기소**라고 알려진, 눈에 보이지 않는 일종의 유체나 증기라고 믿었습니다.

유체 보관

유럽의 일부 과학자들은 **'전기 유체'를 보관하기 적절한 장소가 병**이라고 생각하여 정전기 발생기의 전하를 와이어를 통해 물이 조금 채워진 병으로 공급했습니다.

네덜란드 레이던 대학의 페투르스 반 뮈센브루크가 이러한 방식으로 병을 충전한 다음. 와이어를 끓자 엄청난 전기 충격을 받았습니다. 그는 프랑스를 위해서도 이 경험을 반복하지 않겠다고 말할 정도로 충격을 받았다고 합니다.

더 나은 병

이후로 진행된 실험들을 통해서, **물이 들어있지 않은 병**이 더 효율적이라는 것을 발견했고. **유리의 양쪽 끝에 금속 호일을 대면** 더욱 좋은 효율을 낸다는 것이 확인됐습니다.

프랭클린의 사각형

벤자민 프랭클린은 얇은 유리 한 장에 호일을 붙인 것으로 실험을 했습니다. 이것이 바로 **프랭클린 스퀘어**인데. 나중에는 유리조차 제거했습니다.

현재의 콘덴서

현재의 콘덴서(전하를 저장하는 장치)는 절연 재료로 분리된 2개의 충전 판으로 구성됩니다. 즉. 라이덴 병이나 프랭클린 스퀘어에 단열 유리로 분리된 전도성 금속 호일을 붙인 것과 같은 원리입니다.

위험! 고압주의!

라이덴 병은 정말로 위험합니다. 0.5 L 용량의 병으로도 치명적인 전기충격을 받을 수 있습니다.

볼타의 전지

기이한 현상이라고 여겨지던 것이 전류의 공급방식으로 탈바꿈한 뒤, 과학에는 새로운 세계가 열렸습니다.

갈바니의 개구리

루이지 갈바니의 유명한 죽은 개구리 다리 실험에서, **죽은 개구리의 다리가 경련**을 일으켰는데. 그는 **일종의 전기 자극**으로 인한 것이라고 설명했습니다. 실험에는 두 가지 이상의 금속으로 구성된 아치가 사용됐습니다.

학술 논쟁

갈바니와 알레산드로 볼타는 개구리의 다리를 경련하게 만든 전기자극의 근원을 가지고 논쟁을 벌였습니다. 갈바니는 **전기자극이 동물의 조직 내부에서부터 발생하는 것**으로 생각했고, 볼타는 **전기자극이 외부로부터 온 것**으로 개구리의 다리를 탐지기 역할 삼은 것이라고 믿었습니다. 볼타는 자신의 주장을 증명하기 위해서 동물 조직 없이 이 현상을 재현하기로 했습니다.

두 가지 금속의 접촉 전위차

볼타는 여러 실험을 진행하며 **두 개의 서로 다른 금속을 혀에 올려놓으면** 얼얼한 느낌과 이상한 맛이 느껴진다는 것을 알았습니다. 혀의 타액이 금속들과 접촉하면서 전기의 **전도성 매개체 역할**을 하기 때문입니다. 이것이 **접촉 전위**라고 알려진 현상입니다.

전지 설계

볼타는 접촉 전위 현상을 구현하는 모델을 만들기 위해. 은과 아연을 번갈아 쌓고 그사이에 소금물을 적신 판지를 놓았습니다. 이 **은-판자-아연**이라는 하나의 **구조**로는 아주 작은 전류만 생성했으나, 이 구조를 계속 쌓으니 상당량의 전류를 생성할 수 있었습니다. 볼타가 최초의 배터리를 발명한 것입니다.

금속 구조

훌륭한 공학자들이 그렇듯이. 볼타도 자신의 발명품을 항상 시키기 위해 노력했습니다. 결국 더 좋은 효율을 내는 다양한 금속 조합을 발견해내어. **비싼 은 대신**에 더 싸고 효율이 좋은 **구리**를 사용했습니다.

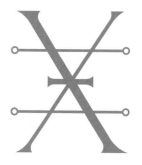

초기의 전등

조명기술은 연소기술로 시작했습니다.
전기기술이 개발되기 전인 18세기 후반까지 거의 변하지 않았습니다.

빛과 열

공학자들은 조명을 개선하기 위해 두 가지 중요한 요소를 고려했습니다. 발광물질이 도달할 수 있는 **온도**(보통 고온이 더 많은 빛을 의미함)와 연료를 빛으로 바꿀 때의 **효율**입니다. 전기는 이 두 가지를 모두 혁신적으로 변화시켰습니다.

속이 빈 심지

1784년에 연소기술의 개선법이 등장했습니다. 스위스의 에이미 아간드는 **심지 안쪽까지 공기가 닿을 수 있도록 심지를 원형으로** 만든 석유 램프의 특허를 받았습니다. 더 커다란 불꽃으로 인해 밝기가 증가했습니다.

열 확산기

연소 중인 가스를 퍼뜨리는 확산기와 유사한 방식으로 가스 버너를 설계하려는 시도가 있었습니다. 그러나 확산기 안의 **금속**이 열을 방출하고 불꽃을 식혀버리는 문제가 발생했습니다. 이 문제는 확산기를 **비전도성의 재료**를 사용함으로써 해결됐습니다.

전기 아크

배터리의 출현으로 전기를 사용할 수 있게 되었습니다.

영국의 과학자 험프리 데이비는 두 개의 탄소봉 사이를 불꽃으로 연결할 수 있음을 발견했습니다.

무엇보다 밝은 빛을 발산했던 이 불꽃을 '**아크**'라고 이름 지었습니다.

탄소의 연소

아크 램프의 문제점은 **연료로 사용되는 탄소봉**이 연소하면서 탄소봉과 탄소봉의 간격이 멀어져 **제대로 공급되지 않는 것**입니다. 따라서 계속 탄소봉을 연료 공급처로 이동시켜야 했습니다.
최초로 개발된 전기식 자동제어 장치는 전류 및 전압의 변화에 대응해 이러한 간격을 좁히는 것이었습니다.

저항기

전기회로의 중요한 구성 요소인 저항기의 기원은
1820년대 독일의 과학자 게오르크 옴의 연구에서 시작됩니다.

전기저항을 만나다

18세기의 전기 실험자들이 어떤 물질은 **전도성**이 좋고, 어떤 물질은 **절연성**이 있다는 것을 알아냈습니다. 오늘날의 전류라고 하는 전기의 흐름이 **때때로 저항과 맞닥뜨린다**는 것도 알게 되었습니다.

전기저항이 무엇인가요?

전기저항은 전류의 **흐름을 방해하는 정도**를 의미하며, 전기에너지를 열에너지로 **변환**합니다.

옴의 법칙

옴은 전도성 물질의 특성을 수학적으로 설명하고자 했으며, 직접 전기회로를 사용해 전도성을 실험했습니다. **전기 저항은 회로 내의 전압과 전류에 비례한다**는 **옴의 법칙**을 밝혀냈습니다. 전기저항은 옴 단위로 측정합니다.

전기저항은 유용합니다

저항기는 전기회로의 일반적인 구성 요소입니다. 전압을 감소, 제한, 분할하여 요소들을 보호하거나 용도에 맞는 전파를 형성합니다.

저항기의 종류

가장 일반적 유형의 저항기는 탄소입자와 세라믹 모르타르를 혼합하여 만든 탄소저항기입니다. 다른 유형으로는 권선저항기와 박막저항기가 있습니다. 저항기는 고정된 저항 값을 가지거나 가변할 수 있습니다.

다이너모

볼타 배터리로 전류를 공급할 수 있었지만, 막상 전기가 실용성이 없었습니다.
전기와 자기의 연관성이 발견되면서부터 상황이 급변하기 시작했습니다.

움직이는 바늘

1820년, 덴마크 과학자 **한스 크리스티안 외르스테드**는 철사에 흐르는 전류가 나침반의
자기 바늘의 방향을 바꿀 수 있다는 것을 보여주었습니다.

유도

1831년, 영국의 과학자 마이클 패러데이는 자석 앞으로 철사를 움직이면 철사에 전류를
유도할 수 있다는 것을 발견했습니다. 전기와 자기는 동전의 양면이었습니다. 이런 **전기
와 자기의 상호작용을 전자기**라고 합니다.

검류계

전자기 유도 발견의 실용적 시도 중 하나로 검류계 발명이 있습니다. 자성이 바늘의 방향
을 바꾸는 정도에 따라 **전류의 강도를 측정**하는 간단한 장치였습니다. 전기를 측정할 수
있는 검류계가 발명되면서 많은 변화가 생겨났습니다.

패러데이의 디스크(전자력 측정반)

패러데이는 말발굽 모양의 자석 사이를 회전하는 구리 원반 형태의 전기 발전기를 만들
었습니다. 다른 발명가들도 발전기를 개발했지만, 자석의 반대 극들이 반대 방향으로 전
류를 생성하면서 교류를 만드는 종류였습니다. **패러데이의 발전기는 최초의 직류 발전기**
였습니다.

정류자

프랑스의 공학자 이폴리트 픽시는 교류를 직류로 변환하는 장치를 만들었습니다. **전류
의 방향을 바꾸어 직류를 생성하는 정류자**입니다. 정류자가 있는 발전기를 다이너모라고
합니다.

전기도금

다이너모로 인해 전류가 유용해졌습니다.
첫 번째로 사용된 산업은 전류를 사용해
저렴한 금속 위에 은이나 금처럼 비싼 금
속을 얇게 도금하는 것이었습니다.

전신

새로운 기술의 보급에 결정적인 계기가 되는 기술로 전신이 있습니다.
전기공학에 혁명을 일으키며 다양한 새로운 산업을 만들어냈습니다.

세마포르

최초로 사용된 통신으로는 나폴레옹이 도입한 암호화된 깃발을 사용하는 세마포르 시스템이나 영국 왕립해군의 셔터를 기반으로 한 시각적인 신호 시스템이 있습니다. 이것들에는 치명적인 단점이 있었는데, **낮이나 좋은 날씨에서만 사용이 가능했다**는 것이었습니다.

전류에 대한 생각

배터리의 발명으로 전류 공급이 가능해졌고, 전기 전류가 자성화된 바늘의 방향을 바꿀 수 있다는 외르스테드의 발견이 더해지면서, 전기를 사용한 **신호 시스템**의 가능성이 대두되었습니다.

이중 트랙

1837년에 영국의 발명가 윌리엄 쿡과 찰스 휘트스톤이 오침전신기의 특허를 받았습니다. 1839년에 이 전신이 그레이트 웨스턴 철도의 약 19km 구간에 설치되었습니다. 이후의 다른 철도들에서도 활용되었습니다.

모스 부호

새뮤얼 모스는 유럽의 전기발전에 대해 듣고서 전기전보 시스템을 만들기 꿈꿨던 미국의 예술가이자 발명가입니다. **이진 코드**를 고안했고, 동료들과 함께 이진 코드를 전송하기 위한 장치인 **모스 키**를 발명했습니다. 1844년에 모스는 미국에서 첫 번째 전보를 보냈습니다. "신이 무엇을 초래하였는가!"라는 내용의 메시지였습니다.

해저 케이블

대서양 횡단 케이블이 성공적으로 건설되면서 해저 케이블이 빠르게 **전 세계로 전파**되었습니다. 이 건설의 첫 시도는 케이블 설계불량과 전기과학에 대한 오해로 실패하고 말았지만, 스코틀랜드 과학자이자 전기엔지니어인 윌리엄 톰슨이 프로젝트를 인계받으면서 성공적으로 건설할 수 있었습니다.

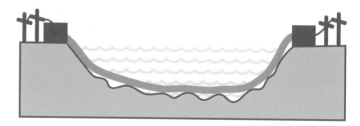

지멘스 자기여기다이너모

기계에너지로 고출력 전기를 생산하는 핵심기술입니다.
1866년 독일의 공학자인 베르너 지멘스가 개발했습니다.

저전력 상태

패러데이가 전자기 유도를 발견한 지 30년이 넘도록 직류 전류를 생성하는 발전기인 다이너모는 여전히 저전력을 생산했습니다.

유도에 필요한 자기장을 생성하기 위해서 다이너모는 영구 자석을 사용했는데, 이 자석이 약한 전류(2톤의 자석이 700와트의 전력만 생산)밖에 생산하지 못하는데도 무거웠습니다. 다이너모가 진동하면 쉽게 자기가 사라졌습니다.

자가 동력

베르너 지멘스가 다이너모를 개선하기로 결심했습니다. 전선 코일을 통해 전류를 통과시켜 생성되는 자석(전자석)은 매우 강력해질 수 있다는 것을 알아내어, 전기 출력 중에 자기장을 만들어내는 다이너모를 고안했습니다.

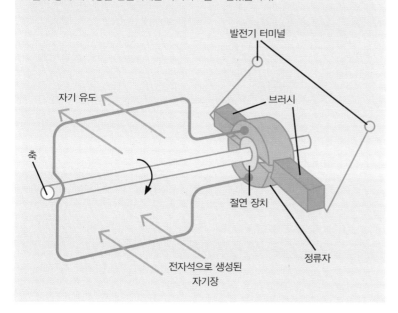

발전기 터미널

자기 유도

브러시

축

절연 장치

정류자

전자석으로 생성된
자기장

자기여기

발전기의 전자석이 스스로의 자성에 의존해 자체적인 전기를 출력하는 **다이너모 전기 발전**. 어떻게 가능한 걸까요?

지멘스는 '자기여기' 또는 '다이너모 전기 원리'라고 부르는 **일종의 부트스트래핑 효과**를 통해 충분히 가능한 일이라는 것을 보여주었습니다.

전자석

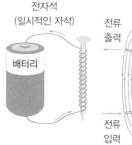
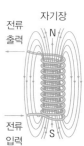

전자석
(일시적인 자석)

전류
출력

자기장

N

배터리

전류
입력

S

AC vs DC

직류(DC)를 지지한 토마스 에디슨과 교류(AC)를 지지했던 조지 웨스팅하우스.
전류전쟁에서 교류가 승리하며, 교류가 오늘날 세계 거의 모든 건물의 전기를 공급합니다.

- **1800년 이전** 정전기는 발전 및 연구 가능한 유일한 전기의 형태였음

- **1799년** 알렉산드로 볼타가 한 방향으로만 흐르는 전류인 직류를 생산하는 배터리를 발명함

- **1805년** 험프리 데이비가 아크 램프를 발명함

- **1879년** 조지프 윌슨 스완이 최초의 백열 전구를 시연함

- **1883년** 토마스 알바 에디슨이 에디슨&스완 유나이티드 전등 회사를 만듦

- **1889년** 에디슨이 AC로 전원을 공급하는 전기 의자를 선보이며 이러한 의자의 위험성을 설명하며 사형집행에 사용될 수 있다는 것을 증명하려고 노력함

전류의 전쟁

뉴욕의 가로등에 에디슨은 전류가 한 방향으로 흐르는 직류를 사용하고자 했고, 조지 웨스팅하우스는 급속한 변동이 있는 교류를 사용하고자 했습니다. 1886년 이후로 경쟁관계에 있던 두 남자의 갈등이 1888년 '전류의 전쟁'으로 불리는 거대한 미디어 전쟁으로 발전하게 되었습니다.

터빈 발전기

터빈은 교류를 생성합니다. 변압기는 전류를 고전압까지 **승압**시킬 수 있어 **장거리 전송**에 훨씬 효율적입니다.

주요 전원 라인

전압은 전송된 후에 다른 변압기로 **다시 강압**되는데, 일부 사람들은 **여전히** 대중이 고전압을 사용하는 것은 위험하다고 주장했습니다.

AC가 지배하다

오늘날 거의 모든 전력은 AC로 배분됩니다. 공급전압은 나라마다 다른데, 영국은 230V, 한국은 220V, 미국은 120V, 일본은 100V입니다.

전압(V)

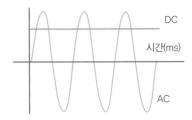

DC

시간(ms)

AC

백열 전구

전력시대의 도래를 알린 획기적인 기술은 백열 전구입니다.

강력한 조명

아크 조명은 1870년대까지 널리 사용했지만, 실내용과 가정용으로 사용하기에는 **너무 밝았습니다**. 미국의 발명가 토마스 에디슨은 소위 '포근한 전등'이라 불리는 것을 발명하기로 결심했던 사람들 중 하나였습니다.

뜨거운 전선

저항 현상은 많은 재료가 전기에너지를 열에너지로 바꾸는 걸 의미합니다. 이런 물질의 **전선은 타기 전까지 가열될 것입니다.** 물질이 연소되는 것을 막을 방법이 있었다면 조명시스템의 기초가 되었을 겁니다.

전선과 전구

백열전구의 발명에는 두 가지가 필요했습니다. 반복적으로 백열 상태로 가열될 수 있는 **전선의 재료**와 그 재료를 **진공상태**인 유리 용기 내에 배치하여 **밀봉하는 방법**입니다. 1870년대 중반에 수은 진공 펌프로 이를 가능케 했습니다.

더 나은 전구

이후의 전구에는 오스뮴과 탄탈럼이 사용되다가, 1911년에 이르러 **텅스텐**과 같이 **녹는점이 매우 높은 금속**이 사용됐습니다. 전구의 진공에 **할로겐 가스**를 추가하면 텅스텐의 증발을 줄여 **필라멘트의 수명을 연장**할 수 있었습니다.

탄소 후보자

백열 전구를 만들고자 했던 발명가 중 가장 잘 알려진 사람들은 미국의 토머스 에디슨과 히람 맥심, 영국인 조지프 스완과 세인트 조지 레인 폭스피트입니다. 이들은 모두 **탄소가 필라멘트에 적합한 물질**이라는 것에는 동의했지만, 공급원의 선택은 달랐습니다.

에디슨 :
대나무

레인 폭스-피트 :
풀

스완 :
목화

맥심 :
종이

전화기

전신이 출현하면서 많은 사람이 전선을 통해 소리를 전달하는 방법을 고안했습니다.
오직 알렉산더 그레이엄 벨만이 성공했습니다.

음향전신기

알렉산더 그레이엄 벨은 음성생리학 교수로서 음파 분야에서의 전문적 지식을 활용하여 전자파를 연구했습니다. 한 전선에 각기 다른 주파수로 전기신호를 보내는 방법으로 '음향전신기'을 만들었습니다.

전화기 체크리스트

전화기는 소리를 전기신호로 변환하는 수단과 다시 소리로 변환하는 수단, 신호를 전선에 보낼 때 다른 신호들과 섞이지 않도록 반대되는 방향으로 보낼 수 있는 방법이 필요했습니다.

뒤섞인 신호

벨은 전신을 통해 전송되는 소리를 들었고, 자신의 기술을 사용하여 전선의 주파수와 전파 진폭을 조절하면 음성을 전달할 수 있다는 것을 깨달았습니다. 신호를 양방향으로 전송하는 것도 가능했습니다.

전화기의 기초

탄소입자로 가득찬 컵 위에 다이어프램(진동판)을 사용하여 음성을 전기신호로 변환했습니다. 음파가 다이어프램을 압축하여 탄소입자의 밀도를 변화시켰고, 그 결과 컵에 흐르는 전류의 세기가 달라졌습니다. 다른 쪽 끝에 있는 수신기는 들어오는 신호에 따라 작동하는, 전자석에 의해 진동하는 다이어프램을 사용해서 프로세스를 되돌리게 했습니다.

쓸데없는 특허권 싸움

1876년, 벨은 엘리샤 그레이라는 발명가가 **유사한 특허를 신청하기 몇 시간 전에** 미국 특허청에 **전화기 특허를 신청**했습니다. 이후 특허청에 이의가 제기되었지만, 결국 벨이 그레이의 회사를 인수하는 것으로 사건은 종결되었습니다.

축음기

토머스 에디슨이 가장 좋아한 발명품은 소리를 녹음하고 다시 재생하는 장치인 축음기였습니다.
이로 인해 음반 업계가 탄생하였습니다.

램프-블랙 레코딩

800년대 초부터 발명가들은 소리를 녹음하는 방법으로 음파의 진동 특성을 사용했습니다. 인기있는 매체는 종이나 다른 물질에 증착된 얇은 탄소 층(램프-블랙)이었는데, 실린더 주위에 감아서 사용했습니다. 실린더가 회전하며, 그 위에서 바늘이 소리에 의해 진동하면서 램프-블랙에 표식을 남기는 방법이었습니다.

전신에서의 파생

현재 전기공학의 많은 발전과 마찬가지로 **축음기의 발명도 전신에서 파생한 것입**니다.

메시지를 남겨주세요

1876년에 에디슨은 전신 메시지를 녹음하는 방법을 연구했습니다. 그가 생각해 낸 아이디어는 전기 펄스를 이용해 바늘이 종이나 은박, 왁스를 긁어 남긴 자국을 다시 변환하는 것이었습니다. 이 방식으로 전화 통신까지 녹음했는데, 홈이 파인 종이를 바늘이 지나갈 때 원래의 소리가 희미하게 재현되는 것을 듣고 놀랐습니다.

에디슨의 축음기

이 발견으로 에디슨은 축음기를 개발하고자 팀을 모집했고, 1877년에 실제로 작동하는 모델을 만들어냈습니다. 이 모델은 실린더를 감싼 호일(나중에는 왁스로 바꾸었다)을 긁어 흠집을 만든 뒤, 생성된 홈을 바늘이 지나가게 하고, 트럼펫을 사용하여 재생되는 소리의 크기를 증폭시켰습니다. 이 발명을 중심으로 음반 업계가 탄생했습니다.

그래머폰

1888년에 독일 발명가인 에밀 베를리너는 실린더 대신 디스크에 소리를 녹음하는 유사 장치로 특허를 받았습니다. 쉽게 만들고 쉽게 다룰 수 있다는 장점이 있었습니다. 에디슨이 이미 축음기라는 이름의 권한을 가지고 있었기 때문에, 베를리너는 자신의 장치를 그래머폰이라 불렀습니다.

니콜라 테슬라

아마도 역사상 가장 위대한 전기공학자일 테슬라는 예지력이 있는 사람이면서도 별난 괴짜였습니다.

미국으로 가다

니콜라 테슬라는 세르비아인으로, 1856년에 지금의 크로아티아에서 태어났습니다. 이후 미국으로 이민을 하여 삶의 대부분을 미국에서 보냈습니다.

유명한 발명품들

테슬라는 **다상유도전동기**, 나이아가라 폭포의 수력발전소, 테슬라 코일, 날개 없는 터빈, 무선 리모컨 등 많은 **발명품과 업적**으로 유명합니다.

야성적인 계획

테슬라는 지금껏 실현된 적 없거나 실현 가능할지도 모르는 수많은 아이디어를 실현하고자 했습니다. 지구를 둘러싼 거대한 고리, 멀리 있는 목표물을 파괴할 수 있는 공명장치, 입자 빔의 살인광선무기, 무선전력송신기, 다른 세계와의 통신 등이 있습니다.

기이한 행동

테슬라는 이상한 공포증과 강박증에 시달렸습니다. 그는 먼지를 무서워하여 살균된 날붙이류(나이프 · 포크 · 숟가락 등)만을 사용했고, 진주 귀걸이와 다른 사람의 머리카락을 역겨워했으며, 동작을 3의 배수만큼 수행했고, 비둘기와 사랑에 빠지기도 했습니다.

전기공학 & 컴퓨터공학

다상유도전동기

니콜라 테슬라가 설계한 다상전동기는 전기공학의 아름답고 우아한 사례입니다.
전기산업구조의 기초를 형성했습니다.

다상으로 설명하다

다상유도전동기는 전자기 유도로 전동기를 구동하기 위해 서로 다르게 작동하는 두 개 이상의 AC 전류를 사용합니다.

브러시, 그리고 참사

테슬라는 그람 다이너모의 전동기 시연을 보고 다상전동기에 대한 아이디어를 얻었습니다. 다이너모는 AC를 DC로 변환하기 위해 정류자 브러시(고정되지 않은 채로 연결을 유지하여 로터가 자유롭게 회전할 수 있게 하는 금속 브러시)를 사용했습니다. 브러시에는 불꽃 튐, 먼지 날림, 아크 발생, 조정 및 교체 필요, 비효율성 등 많은 단점이 있었습니다.

AC의 사용

직류가 아닌 **교류로는 전동기를 한 방향으로 작동시키지 못했습니다**. 전류가 여러 번 역방향으로 움직이며 최고점과 최저점을 반복하여 **지속적인 전력 공급**을 하지 못했습니다. 따라서 교류를 직류로 변환하는 **정류자**의 필요성이 대두되었습니다.

위상 불일치

테슬라는 **전류의 여러 위상(다상)**을 공급하면, 전류를 공급하는 하나의 위상이 사라질 때, 다른 위상이 공급되면서 결과적으로 **지속적인 전류의 공급**이 가능하다는 것을 깨달았습니다.

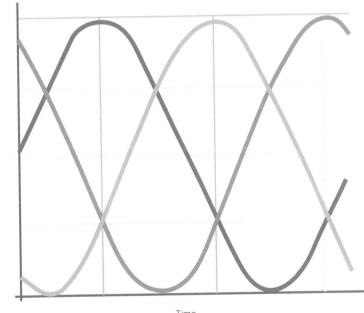

Voltage

Time

꼬리를 쫓다

테슬라의 다상전동기 회전자 주위의 고정자 링 사이 간격에 위치한 전자석을 사용했습니다. AC 전류의 위상화는 전자석이 만들어내는 자기장이 고정자 링 주위를 빙글빙글 돌면서 회전자를 끌어들이는 것을 의미했습니다. 이렇게 전동기의 회전력을 생성했습니다.

전기발전

오늘날 전 세계는 발전소로 인해 운영됩니다.
그 기원은 1882년 뉴욕의 한 지역으로 거슬러 올라갑니다.

궁극의 힘

발전기는 전기가 아닌 다른 형태의 에너지를 전기로 변환합니다. 대부분의 발전기는 자기장에서 전선을 회전시키기 위해 터빈을 사용하므로 다양한 성질의 운동에너지 원천이 필요합니다. 수력발전은 흐르는 물과 떨어지는 물의 에너지를 사용합니다. 증기 터빈은 물을 끓여서 만든 증기로 작동하는데, 물을 가열하기 위해 필요한 에너지를 석탄이나 가스와 같은 화석 연료의 연소로부터, 혹은 원자력, 지열, 태양열 에너지로부터 얻습니다. 다른 공급원으로는 풍력과 파력이 있습니다.

사적인 힘

최초의 발전기는 사적인 용도로 산업 환경에서 사용되었습니다. 1879년 뉴욕의 돌지빌에서는 산업용 전기를 공급하기 위해 공장에 다이너모를 설치했습니다. 지리적으로 수력의 공급이 원활했기에 전기 발전에는 최적이었습니다.

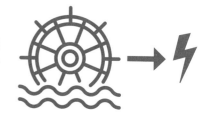

최초의 조명

1882년 공공의 전기공급을 위한 최초의 발전기가 런던에 설치되었습니다. 그 발전기는 에디슨의 회사에서 설치한 것이었는데, 성공적이지 못했습니다. 그러나 금융지구의 반 블록 반경의 전등에 전기를 공급하는, 맨해튼의 펄스트릿 발전소의 성공으로 인해 **발전기는 미래의 전력망을 위한 모델**로 입증되었습니다.

증기에서 전력으로

에디슨은 자신이 설계한 거대한 다이너모에 점보라는 이름을 붙였는데, 유명한 서커스 코끼리의 이름을 따온 것이었습니다.

이 다이너모를 자신의 발전소에 설치했는데, 보통 고속의 석탄으로 움직이는 증기 엔진으로 사용됐습니다.

라디오

라디오의 발명은 과학적인 발견을
실용적 기술로 변모시키는 전기공학의 전형적인 예입니다.

맥스웰

1864년 스코틀랜드 과학자 **제임스 클러크 맥스웰**은 **진동 전류가 빛의 속도로 이동하는
전자파를 생성한다는 것을 이론적으로 증명**했습니다.

로지

신호를 무선으로 송신하는 방법에는 여러 응용할 부분이 있었습니다. 이를 가장
먼저 탐구한 사람은 영국의 물리학자 올리버 로지였고, **복사파를 감지하여 전기
펄스로 변환할 수 있는 장치**를 개발했습니다.
이 장치의 이름은 **코히러**(진공 유리관의 두 극 사이에 니켈 가루를 넣은 검파기)
였고, 전자파에 반응하여 응집되는 은 피복을 씌운 튜브로 구성되었습니다.

니켈과 은 피복

유리 막

은 플러그

헤르츠

1886년 독일의 물리학자 하인리히 헤르츠
는 전자파의 존재에 대한 실험적 증거를
제공했습니다. 그의 실험 장비는 두 부분
으로 나누어져 있었습니다. 두 개의 충전
된 구체 사이로 방전 불꽃을 튀게 하여 전
기 진동을 유발하는 부분과 주파수의 소리
에 반응하여 저절로 울리는 와인잔과 같은
원리로 전자파가 메아리를 유발하도록 만
드는 고리 형태의 부분이었습니다. **전류가
흐르면 방전 불꽃을 일으키게 하여 전자파
를 감지할 수 있도록 했습니다.**

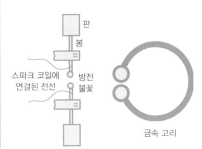

판

봉

스파크 코일에   방전
연결된 전선   불꽃

금속 고리

마르코니

이탈리아의 라디오 개척자인 굴리엘모 마
르코니는 헤르츠와 로지의 발견에 대해 읽
고서 **신호전송 거리를 늘리기 위한 연구를**
시작했습니다. 마침내 송신기의 동력과 수
신기의 감도를 높일 수 있는 방법을 찾았
고, 누구나 사용할 수 있을 만큼 장비를 단
순하게 만들었습니다.

대서양 횡단 방송

1901년 마르코니는 **영국에서 북아메리카로 무선 메시지를 보내** 세계를 놀라게 했습니다.
무선 전신은 곧 보편화되었습니다.

다이오드 밸브

백열전구로 시작된 전기의 혁명이 라디오를 만들고,
새로운 전자제품 시대로 이끌었습니다.

에디슨 효과

에디슨은 전구를 연구하던 중 우연
히 열이온 방출을 발견하여 그 즉
시 '에디슨 효과'라고 특허를 냈습
니다. 가열된 금속 원소가 전자를
발산하는 현상을 말합니다.

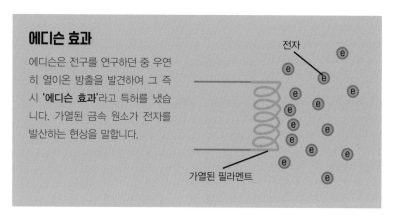

전자

가열된 필라멘트

한 방향 운행

에디슨은 전구에 또 다른 전선을 도입하면
가열된 필라멘트에서 나온 전자들이 **전구
를 넘어 전류가 흐르게 할 수 있지만**, 새로
넣은 전선이 양전하를 가진 경우에만 가능
하다는 것을 발견했습니다.

밸브

1904년 영국의 전기공학자 존 플레밍은 이렇게 변형된 전구가 일종의 전자 밸브의 역할
을 하여, 전류가 한 방향으로만 흐르게 한다는 것을 깨달았습니다. 따라서 **교류를 직류로
변환할 수 있다**는 것이었습니다. 이러한 속성을 **정류**라고 합니다.

라디오 탐지기

플레밍은 마르코니와 함께 일하면서 두 개의 전극을 가져 **다이오드**라고 불리는 밸브가
코히러*보다 훨씬 더 선명한 전파탐지기가 될 수 있다는 걸 깨달았습니다.

AM 라디오

다이오드는 라디오 방송의 출현과 함께 훨씬 더 다양한 곳에서 유용하게 쓰였습니다. 소
리정보가 진폭 변조(AM)의 형태의 전파로 전달되었기 때문입니다. 진폭 변조는 소리로 다
시 변환되기 전에 정류가 필요했습니다.

컴퓨터 구성요소

밸브는 논리 게이트*를 만드는 데 사용되어 추후 컴퓨터 사용에 필수적이었습니다.

★ 코히러 : 진공 유리관의 두 극 사이에 니켈 가루를 넣은 검파기
★ 논리 게이트 : 기본이 되는 논리 기능을 실현하는 전자 회로, 컴퓨터에서 and/or 등의 논
　　　　　　리를 적용할 때 필요하다.

전기공학 & 컴퓨터공학

트라이오드 밸브

다이오드는 유용했지만 저전력이었습니다.
전기공학자 리 디포리스트는 간단한 설계로 다이오드를 개선했습니다.

약한 신호

다이오드에서 나오는 전류는 **유입된 전류만큼만** 강했습니다. 무선신호는 수신기에 도달할 무렵에는 에너지가 낮아져 매우 약했습니다.

파워 부스트

1906년 디포리스트는 3차 전극을 다이오드 밸브에 추가하여 와이어 그리드로 구성된 트라이오드(3극 진공관)를 만들었습니다. 관의 구멍으로 전자가 드나들 수 있는데, 그리드의 전위를 변화시키면 이미터(트랜지스터의 전극의 하나)에서 음극으로 전자의 흐름을 많이 증가시킬 수 있었습니다. 즉, **트라이오드는 신호를 증폭시킬 수 있었습니다.**

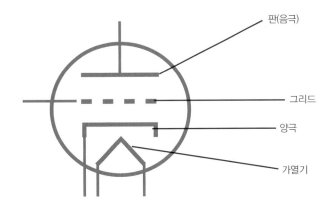

판(음극)

그리드

양극

가열기

오디언

디포리스트는 그의 트라이오드를 오디언이라 이름짓고 특허를 냈습니다. 하지만 문제가 있었습니다. 오디언은 다른 밸브들처럼 진공관 장치이기는 했지만 내부의 진공 상태가 약해서 가스의 흔적이 남았습니다. **이러한 단점은 오디언을 신뢰할 수 없게 만들었습니다.**

하드 밸브

1913년 고진공 상태의 튜브를 가진 최초의 하드 밸브가 개발됐습니다. **하드 밸브는 전 세계 라디오의 표준이 되었습니다.** 더 많은 전극이 밸브에 추가되어 4극 진공관인 테트로드가 만들어졌고, 이후 5극 진공관인 펜토드까지 만들어졌습니다.

밸브 컴퓨터

1940년대, 최초의 컴퓨터인 ENIAC과 같은 컴퓨터를 개발하기 위해 엄청난 양의 밸브가 사용되면서, 밸브 개발이 정점에 달했습니다. **그러나 곧 트랜지스터로 대체되었습니다.**

텔레비전

움직이는 영상을 녹화, 전송, 재생하는 텔레비전의 발명이
여러 발명가의 공으로 여겨지지만, 사실은 집단공학의 산물입니다.

필요한 것들

텔레비전 기술은 네 가지 요소에 의존합니다. 빛을 전류로 바꾸는 방법과, 이미지를
더 작은 요소로 스캔하는 장치, 그리고 다시 빛으로 되돌리는 방법과 약한 신호를 강
하게 증폭시키는 방법입니다.

광전지와 회전 원판

1873년에 금속 셀레늄이 빛을 받으면 전류가 생산된다는 것이 밝혀졌습니다. 1884년 독
일의 발명가 폴 닙코가 나선형 모양으로 **구멍이 뚫린 회전 원판**을 발명했는데. 이 원판은
이미지를 기계장치로 스캔하여 선의 형태로 나타냈습니다. 전기 신호를 다시 빛으로 바꾸
는 데는 강력한 전기 광원이 필요했는데, 여기에는 1903년에 발명된 **네온 빛**이 사용됐습
니다. 디포리스트의 **오디언 트라이오드**가 퍼즐의 마지막 조각을 채웠습니다.

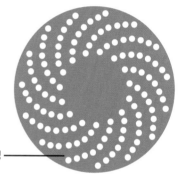

회전 원판의 구멍 —

기계적 텔레비전

스코틀랜드의 발명가 존 로지 베어드는 이
미지를 회전하는 원판(즉, 움직이는 부품이
있는 기계)로 스캔했다 하여 '**기계적 TV**'라
고 이름 붙여진 TV를 시연했습니다. 원판
의 구멍이 빛을 인식하면. 광수용체로 전
달되어 전기신호로 변환된 뒤 전파를 통해
수신기로 보내집니다. 이때 카메라 원판과
동기화된 회전 원판을 통해 빛이 송출되는
데. 그 램프의 밝기는 들어오는 신호에 따
라 달라집니다.

전자식 텔레비전

미국인 필로 판즈워스가 개발한 전자식 텔레비전은 인광성 스크린 위에 전자 빔으로 이
미지를 그리는 **음극선관**에 의존했습니다.

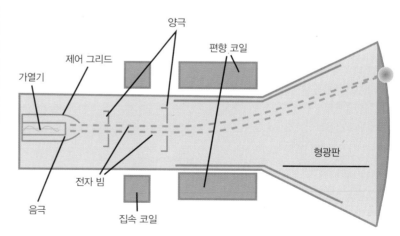

양극

제어 그리드

편향 코일

가열기

음극

전자 빔

집속 코일

형광판

레이더

전쟁은 과학을 기술로 바꾸기 위해 공학적인 재능의 응용을 자극합니다. 레이더가 전형적인 예입니다.

RA.D.A.R.
레이더는 원래 RAdio Detection And Ranging(무선탐지와 거리측정)의 약자입니다.

전파 장애

라디오 사용자들은 **지나가는 차량이 전파 수신을 방해한다는 사실을** 경험적으로 오래 전부터 알고 있었습니다. 이러한 현상은 곧 탐지가 가능한 프로그램을 만들 수 있다는 것을 시사했습니다.

최초의 무선반향장은 1904년에 특허를 받았지만, 탐지 작업에 적합하지 않았습니다. 특히 무선 파장이 너무 길어서 유용하지 않았습니다.

반향정위

레이더의 원리는 반향정위의 원리와 유사합니다. 전파를 방출하면 목표물에서 **반사되며 반향이 감지**됩니다. 전파의 속도는 일정하기 때문에 목표물까지의 거리가 멀어져도 운용이 가능합니다.

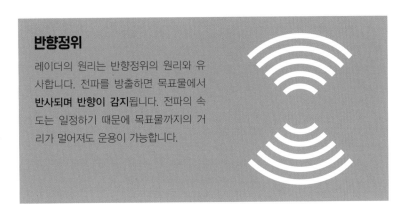

마그네트론

1930년대에는 **더 짧은 파장**을 생성할 수 있었지만, 1937년 **영국**은 여전히 **1m 이상의 파장**을 사용하고 있었기 때문에 큰 안테나가 필요했고, 배치에 제한이 있었습니다. 1940년 영국에서 **공동** 자전관을 발명하여 2.5cm 미만의 파장을 사용할 수 있게 됨으로써 **감도와 정확도가 크게 향상**되었습니다.

레이더의 기초

레이더 시스템의 기초로는 단파장 신호(마이크로파에 가까운)를 생성하기 위한 **마그네트론**. 이러한 신호를 전송하기 위한 빔이나 평면 형태의 **안테나**. 반향을 포착하기 위한 **안테나**(일반적으로 송신기와 수신기의 역할을 전환하는 송수전환기를 포함한 동일한 안테나). 반향으로부터 정보를 추출하는 **처리장치**. 그리고 사용자가 정보를 쉽게 인지할 수 있도록 시각화하는 **디스플레이**가 있습니다.

1 = 마그네트론
2 = 송수전환기
3 = 안테나(방송)
4 = 안테나(수신)
5 = 처리장치
6 = 디스플레이

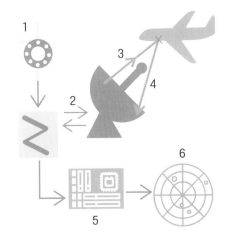

전자레인지

1946년 미국의 공학자 퍼시 스펜서가 발견한 '전자레인지 조리'는
우연한 발견의 전형적 예입니다.

녹아버린 간식

스펜서는 전쟁 중에 레이더를 연구했는데,
공진 공동(호루라기와 비슷한 것인데 소리
대신 전자기파를 수반함)을 이용해서 마이
크로파를 생성하는 장치인 마그네트론(자
전관)의 동력 출력을 개선하려고 노력 중이
었습니다. 한 번의 실험 후, **주머니에 있던
스낵 바가 녹았다**는 것을 알아차렸습니다.

견과류에서 초콜릿으로

이 유명한 이야기의 여러 버전 중 하나에서는 그 스낵이 초콜릿이었다고 하지만, **사실 땅
콩 바**였습니다. 이건 매우 중요한 정보인데, 견과류 바는 초콜릿보다 훨씬 높은 녹는점을
가지고 있기 때문입니다. 스펜서는 달걀로 실험을 재개했는데, 그 즉시 **달걀이 얼굴 앞에
서 폭발**해버렸습니다.

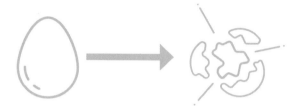

전자레인지 조리

전자레인지는 높은 주파수와 짧은 파장을
가진 **전자기 방사선**을 고형분 및 액체에
전달하는 것으로 기능합니다. 마이크로파
에 많은 영향을 받는 **고형분 및 액체 내의
물 분자를 빠르게 가열해** 음식을 조리합
니다.

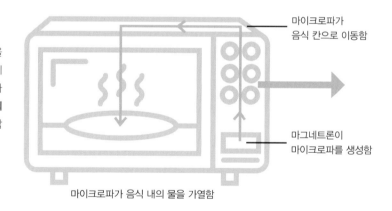

마이크로파가
음식 칸으로 이동함

마그네트론이
마이크로파를 생성함

마이크로파가 음식 내의 물을 가열함

출입문

전자레인지에는 위와 아래를 포함하여 6개의 면이 있습니다. 앞문에는 내부를 볼 수 있도
록 마이크로파의 파장(약 1.3cm)보다 작은 크기의 구멍을 가진 접지된 금속 메시가 설치
되어 있습니다. **이 구멍보다 큰 마이크로파는 막고, 작은 가시광선은 통과시켜 내부를 들
여다 볼 수 있게 합니다.** 다른 5개의 면에는 음식에 흡수된 마이크로파가 전하로 에너지
를 잘 전달할 수 있도록 접지된 금속 면으로 이루어져 있습니다.

전자레인지 문의
금속 메시

전자레인지

광파

트랜지스터

트랜지스터는 마이크로일렉트로닉스와 현대 IT가
출현할 수 있는 기반이 된 필수 구성 요소입니다.

밸브 교체

열이온 밸브는 전자공학에서 정류와 증폭의 원리를 입증했지만. 부피가 크고 전력이 부족
하며 신뢰하기 어려웠습니다.

반도체

반도체는 **인가전압**과 같은 **외부 요인**에 따라 전도체가 되거나 절연체가 될 수 있는. **기능 전환이 가능한 물질**입니다..

벨 연구소

미국의 대형통신사인 AT&T의 벨 연구소는
초기 전자제품 시대의 최고 연구기관이었
습니다. 디포리스트의 트라이오드 증폭기
를 완성한 사람은 벨이었고, **현재 트랜지
스터를 실현한 사람도 벨**이었습니다.

트랜스-레지스터

트랜지스터는 벨이 '**트랜스-레지스터**'를 줄여서 지은 **이름**입니다. 기본적으로 트랜지스터
는 진공관과 가열 소자를 비롯해 열이온 밸브에서는 필요했던 어떤 것도 필요하지 않은
다중 전자 밸브의 한 종류입니다.

점접촉 트랜지스터

1947년 벨 연구소에서 과학자 존 바딘과
공학자 월터 브래튼이 두 개의 금점 접촉
을 매우 가깝게 하여 반도체 게르마늄 층
과 접촉시키는. **최초의 트랜지스터**를 고안
했습니다.

샌드위치 트랜지스터

바딘과 브래튼의 상사인 빌 쇼클리가 **그 즉시 더 간단하고 만들기 쉬운 트랜지스터를 발
명**했는데. 반도체에서 전자가 풍부한 두 '빵' 층 사이에 전자가 부족한 '고기' 층을 넣은 구
조였습니다. 이 고기 층에 양전압을 가하면 빵 층
사이로 증폭된 단방향 전류가 흐르게 됩니다.

집적회로

'두 남자'가 동일한 때에 각자 '집적회로'를 고안했습니다.
회로의 모든 구성요소를 같은 재료로 동시에 만드는 방법으로, 훨씬 더 작게 만들 수 있다는 것을 의미했습니다.

그때는 크기가 관건이었습니다

트랜지스터가 **열이온 밸브를 빠르게 대체**하며, 트랜지스터 라디오 같은 장치들이 만들어졌고, 청소년 문화와 음악에 광범위한 영향을 미치게 되었습니다. 트랜지스터는 모든 전자제품에 사용됐지만, **크기 제한에 도달**해 더 이상 다른 회로와 연결할 수 없었습니다.

명료한 수학

1958년 7월, 텍사스 인스트루먼츠사의 공학자인 잭 킬비는 회로의 모든 구성요소(예: 콘덴서, 저항기)를 트랜지스터와 **동일한 반도체 재료로 만들 수 있다면**, 한번에 모두 가공할 **수도 있다**는 것을 깨달았습니다. 불과 몇 달 후, 페어차일드 세미컨덕터사의 로버트 노이스가 포토 에칭(사진의 원리를 이용하여 집적회로의 형태를 얻는 방법)을 사용한 기술을 공개했는데, 킬비의 아이디어와 유사하지만 **그보다 더 좋은 기술**이었습니다.

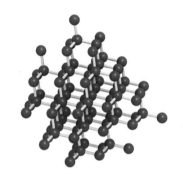

스텐실과 마스크

현대의 마이크로칩은 페어차일드가 제안한 포토 에칭의 고급 버전인 플레이너 공정으로 만들어집니다. 실리콘의 큰 웨이퍼 한 개로 수백 개의 칩을 만들 수 있습니다. 스텐실과 마스크를 사용해 전도성, 단열성, 반도체성 재료의 층을 겹겹이 쌓습니다.

층층이

맨 아래 층은 전자가 풍부한 P형 실리콘입니다. 절연된 이산화규소 층이 그 위에 쌓이는데, 스텐실로 마스킹해서 이산화규소의 일부분은 보호하고 나머지 부분은 용해되도록 둡니다. 전도성 폴리실리콘과 전자불량 N형 실리콘을 포함한 다른 층들을 추가합니다. 마지막에는 구성 요소들을 연결하는 작은 금속들을 추가합니다.

레이저

레이저는 '방사의 유도 방출에 의한 빛의 증폭(Light Amplification by Stimulated Emission of Radiation)'의 약자로, 첨단공학과 양자물리학이 결합된 최첨단 기술입니다.

발 맞추어

양자물리학에서는 레이저가 일관된 전자기 방사선을 만들어낼 수 있어야 한다고 예측했는데, 이는 모든 파장이 같은 위상에서 완벽히 동일해야 한다는 것을 의미합니다. 이를 달성하기 위한 한 가지 방법은 에너지를 원자에 공급하여 광자를 방출하게 한 다음, 이를 일관된 빔으로 정렬하는 것입니다.

메이저(MASER)

1953년 찰스 타운즈와 동료들이 '방사의 유도 방출에 의한 마이크로파 증폭(Microwave Amplification by Stimulated Emission of Radiation)' 줄여서 메이저(MASER)라고 부르는 위업을 달성했습니다.

레이저의 구성

레이저를 만들기 위해서는 단일 파장의 광자를 뿜어내는 레이저 발생 매체가 필요합니다. 전원 공급원, 모든 광자가 같은 방향으로 향하게 하는 방법, 빔의 초점을 맞추는 장치도 필요합니다. 일부 레이저에는 극도의 강도로 좁은 지점에 빔을 집중시키는 콜리메이터가 장착됩니다.

최초의 빛

최초의 레이저는 1960년에 캘리포니아 말리부의 휴즈 연구소에서 시어도어 메이먼이 개발했습니다. 그는 제논 플래시 램프(정교한 형광등 튜브로 주로 카메라의 광원으로 쓰인다)의 코일로 두른 루비관을 레이저 매체로 사용했습니다. 이 램프는 에너지를 관으로 주입했는데, 양쪽 끝이 평평하고 동일한 모양으로 광자들이 관을 따라 앞뒤로 움직이면서 빔으로 결합합니다.

레이저 응용

레이저는 군사적 목적 외에도 다양한 용도로 사용됩니다. 수술 시 레이저를 사용하면 0.5미크론 두께의(사람의 머리카락은 약 80미크론) 초미세한 절개를 할 수 있습니다. 또 다른 용도로는 광학디스크 읽기, 현미경 관찰, 바코드 스캔, 광섬유 광학기술 등이 있습니다.

달 측정

레이저로 지구와 달 사이의 거리를 측정할 수도 있습니다. 아폴로 우주비행사들이 달에 남긴 레이저 반사경은 지구와 달의 거리를 오차범위 15cm 이내로 측정할 수 있게 했습니다.

인간-컴퓨터 상호작용

사용자의 운영을 촉진하고 개선하는 공학 IT분야를 인간-컴퓨터 상호작용(HCI)이라고 합니다.
가장 유명한 사람으로 더그 엥겔바트가 있습니다.

펀치 카드

오리지널 컴퓨터는 옛날 피아노처럼 펀치 카드로 입력했습니다. 이후의 컴퓨터는 **키보드**로 입력할 수 있게 되면서 **고도화된 계산**이 가능해졌습니다. 즉, 복잡하고 직관적이지 않은 **프로그래밍 언어**들을 처리할 줄 알아야 했습니다.

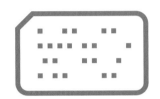

부트스트랩

미국의 공학자 더글러스 엥겔바트는 사용자와 도구가 옳은 상호작용을 하면 **인간의 생산성과 컴퓨팅 능력이 시너지로 향상될 것**이라고 믿었습니다.

1960년대에 'bootstrap'이라는 시스템공학 용어를 사용하며 기술구현을 위한 도구 개선이 도리어 어떻게 기술을 발전시키는지, 도구를 더욱 향상시키는 방법은 무엇인지 등을 설명했습니다.

NLS

캘리포니아에 있는 증강연구센터에서 엥겔바트와 그의 동료들은 oN-Line System(NLS)이라고 불리는 컴퓨터 하드웨어와 소프트웨어 시스템을 고안했습니다. 컴퓨터 마우스, 윈도우 창과 그래픽 사용자인터페이스, 협업파일 공유, 하이퍼텍스트 링크 등과 같은 현재 IT 유비쿼터스(언제 어디서나 접속 가능한 정보통신 환경)를 개척했습니다.

마우스

컴퓨터 마우스는 인간과 컴퓨터의 상호작용을 용이하게 하기 위해 제2차 세계대전에서 개발된 트랙 볼(볼을 움직임으로써 화면상의 요소를 제어하는 장치)에 기원을 두고 있습니다. 1963년 엥겔바트가 처음에는 '버그'라고 불렀던 것을 아이디어로 스케치하여 1964년 시제품을 만들었습니다. 컴퓨터에 연결하는 **코드가 꼬리처럼 보였기 때문에 마우스**(쥐)라는 이름이 붙었습니다.

모든 데모들의 어머니

1968년 샌프란시스코에서 엥겔바트가 NLS 시스템을 시연했습니다. 그 이후로 이 시스템은 '**모든 데모들의 어머니**'로 불리게 되었습니다. 이는 퍼스널 컴퓨터를 탈바꿈시킨 HCI(인간-컴퓨터 상호작용) 원칙을 보급하는데 도움이 되었으며, 애플의 매킨토시 시스템의 탄생을 이끌었습니다.

퍼스널 컴퓨터

1970년대의 프로그램 작동이 가능한 저렴한 마이크로칩의 개발은
퍼스널 컴퓨터의 등장을 촉진시켰습니다.

무어의 법칙

고든 무어는 페어차일드의 공학자이자 집적회로 생산의 초기 리더였습니다. 1964년에 **각 칩에 장착되는 트랜지스터의 수가 매년 두 배씩 증가하고 있다**는 점에 주목했습니다. 이 관찰이 그 유명한 **무어의 법칙**입니다. 이 관찰이 유효했던 이유는 1960년대 후반에 칩에 도입된 금속 산화막 반도체 덕분입니다. 이 기술로 단일 마이크로칩의 기능이 획기적으로 향상되었습니다.

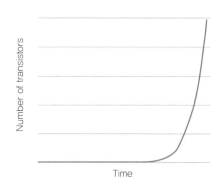

단일 칩 컴퓨터

1968년 무어와 노이스는 자체적으로 칩을 제작하기 위해 인텔 코퍼레이션을 설립했고, 1969년 인텔의 공학자 마르시안 호프가 **메모리 칩에 내장된 소프트웨어와 함께 작동할 수 있게 프로그래밍된 범용회로를 설계했습니다.** 1970년 중반까지 '단일 칩 컴퓨터'는 100달러에 구입할 수 있었습니다.

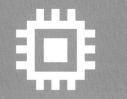

알테어(Altair)

당시 **대부분의 컴퓨터가 비즈니스나 대규모 기관을 위해 만들어졌습니다.** 하지만 취미로 삼는 사람들의 커뮤니티도 성행했는데, 그곳에서는 재미와 연구를 위한 개인화된 시스템을 만들기 위해 노력했습니다. 1974년, 한 무리의 취미 활동가들이 **퍼스널 컴퓨터 키트인 알테어**를 만들었습니다. 빌 게이츠와 폴 앨런이 알테어를 위한 소프트웨어를 개발하였고, 후에 마이크로소프트를 설립하였습니다.

애플

스티브 워즈니악과 스티브 잡스가 1976년에 애플을 설립하고 **첫 퍼스널 컴퓨터를 판매했습니다.** 잡스는 더그 엥겔바트의 아이디어에 열광하며 1983년까지 키보드, 통합 모니터, 플로피 디스크 드라이브, 마우스, 드롭다운 메뉴가 있는 그래픽윈도우 인터페이스를 갖춘 컴퓨터를 생산했습니다. IBM은 1981년에 PC 시장에 진출하면서, 운영체제인 MS-DOS의 개발을 마이크로소프트사에 의뢰했습니다.

검색 엔진

디지털 세상은 실존하지 않는 '가상의 기계'라는 공학의 개념에 새로운 측면을 가져다 주었습니다.

인터넷

인터넷의 뿌리는 '정보 이론의 아버지'인 미국인 공학자 **클로드 섀넌**의 업적과 네트워크 이론에 있습니다. 이는 **패킷 교환**의 발전을 이끌었고, 1969년에는 **인터넷의 기원인 아르파넷**(ARPAnet)으로 발전했습니다.

월드와이드웹

월드와이드웹은 **인터넷과 동의어는 아니지만, 인터넷과 관련된 정보공간이자 분산된 정보시스템입니다.** 영국 과학자인 **팀 버너스 리**가 1990년 경에 개발했습니다. 그는 하이퍼링크가 서로 다른 정보 소스, 텍스트나 미디어를 연결할 수 있게 하는 네트워크 주소에 대한 표준 규약, 정보를 포맷할 수 있는 간단한 마크업 언어(HTML), 서버와 클라이언트 사용자 간의 정보 전송을 위한 전송 프로토콜 등의 핵심 요소를 통합했습니다. 또, 사용자가 WWW를 사용하기 위해 필요한 소프트웨어인 **웹브라우저도 최초로 개발**했습니다.

검색 엔진의 요소

유사 검색 엔진은 데이터를 한 줄씩 스캔하여 검색 질의와 일치하는지 확인합니다. **진정한 검색 엔진**은 훨씬 더 정교한 시스템을 사용합니다.

데이터 준비, 전체 텍스트 색인화, 검색이라는 세 가지 단계를 진행합니다. **데이터 준비**는 '스파이더' 혹은 인덱서가 수행하고, **전체 텍스트 색인화**는 색인된 페이지의 모든 내용을 기록합니다. **검색**은 검색 엔진의 특성에 따라 다르게 수행되며 사용자에게 결과를 표시합니다. 검색의 정확도를 높이기 위해 검색 결과의 순위를 매기는 데 복잡한 알고리즘을 사용합니다.

너무 많은 콘텐츠

처음에 버너스 리는 웹 콘텐츠 목록과 디렉터리를 수동으로 업데이트했습니다. 하지만 이내 웹의 규모가 매우 커져, 1990년에 아키(Archie)와 같은 프로그램을 시작으로 **검색 기능을 개발**하기 시작했습니다. 이러한 기술들이 곧 카탈로그 작성, 색인화, 검색, 웹페이지 정보탐색을 수행하는 **검색 엔진으로 발전**했습니다.

인공지능

기계나 인공지능(AI)을 개발하려는 탐구는 인류공학의 가장 위대한 업적이 될 수도 있지만,
마지막이 될 수도 있습니다.

튜링 테스트

컴퓨터과학의 발전으로 컴퓨터가 매우 높은 수준으로 체스를 할 수 있게 되면서, **인간의
지능에 필적하는 기계지능을 만들 수 있다**는 대담한 주장들이 생겨났습니다. 영국의 컴퓨
터 선구자인 앨런 튜링은 다른 접근법을 제안했습니다. 컴퓨터가 스스로 생각하고 판단하
는지를 검사하는 **'튜링 테스트'**를 통과한 기계는 지능을 가진 것으로 여겨야 한다고 제안
했습니다.

AI의 양상

AI는 획일적이지 않습니다. 이 분야는 컴퓨
터 비전, 자연어 처리, 패턴 인식, 기계 학
습, 그리고 전문 시스템 등을 포함합니다.

AI를 설계하는 방법

AI 공학자들은 하향식 경로와 상향식 경로 모두를 탐색합니다. **하향식 접근방식**은 사람의
생각을 컴퓨터가 다룰 수 있는 상징적인 언어로 인코딩하려고 시도합니다. **상향식 접근방
식**에는 연결 주의가 포함되는데, 이는 대규모 병렬 프로세싱과 같이 적절한 종류의 연결
을 충분히 보유하면 지능이 발생할 수 있다는 원리입니다.

신경망

공학자들은 인간의 단일 신경세포와 유사한 단위를 만들어 **AI가 자체적인 내부결합 구조
를 개발**할 수 있도록 합니다. 소재와 목표 결과를 제공하여 그 과정을 훈련시킵니다. 공학
자들은 네트워크 내부에서 **정확히 무슨 일이 벌어지는지 알 수 없습니다.**

특이점

일부 AI 공학자들은 일단 진정한 기계지능이 만들어지고 나면, 기계가 기하급수적으로 향
상하기 시작해 **즉시 인간의 능력을 훨씬 뛰어넘을 것**이라고 믿고 있습니다. 이것이 **특이
점**이라고 알려진 개념으로, 인류역사의 변곡점이 될 것입니다. **기술적 유토피아 혹은 인
류의 종말을 초래**할 것입니다.

퀀텀 컴퓨팅

양자공학의 얽힘이나 중첩 등의 양자역학적 현상을 이해하고 이용할 수 있다면,
탁월한 능력을 가진 새로운 유형의 컴퓨팅이 가능할 것입니다.

전기공학 & 컴퓨터공학

중첩

양자물리학은 입자가 관찰되거나 외부세계와 접촉하여 강제로 단일상태가 될 때까지 둘
이상의 상태에서 동시에 존재(중첩)할 수 있다고 말합니다. 이러한 현상은 **결잃음**이라고
알려져 있습니다.

큐비트

기존의 디지털 컴퓨팅은 비트를 기반으로 하는데, 1 또는 0, on 또는 off와 같이 두 가지 위치
나 상태 중 하나로만 존재할 수 있습니다. 하지만 **양자컴퓨터는 상태의 중첩에 따라 존재할
수 있는 큐비트**를 사용합니다. 하나의 큐비트는 여러 계산을 동시에 처리할 수 있습니다.

얽힘

고전적인 디지털컴퓨터에서는 비트를 추가하면 산술적으로 처리능력이 증가합니다.
따라서 32비트 컴퓨터는 16비트 컴퓨터보다 두 배 더 강력합니다.
하지만 양자컴퓨터의 큐비트는 얽힘이라고 불리는 **이상한 양자 현상을 통해 연결되
며 처리능력이 증가합니다.** 처리능력을 기하급수적으로 증가시키는 **이 현상을 데이지
체인**이라고 합니다.

공학과제

양자 컴퓨팅의 문제는 큐비트가 응집력을 잃지 않도록 하는 게 매우 어렵다는 것입니다.
큐비트에 사용되는 입자는 과냉된 온도로 유지되거나 자기장에 국한되어야 합니다. 이 환
경 안에서 컴퓨터를 만드는 것은 기술적으로 매우 어렵습니다.

특수 응용

이런 어려움에도 양자 컴퓨터는 개발되어 있습니다. 신약개발에서 원자와 분자의 행동을
모델링하거나 최적화 문제에서 최적의 경로를 계산하는 등의 고전적인 컴퓨터로는 어려
운 특별한 종류의 문제에 사용하고 있습니다.

고대의 기계학자

철학을 주요한 가치로 삼았던 고대 그리스.
철학이 아닌 영역에서 일하면서도 기계학자들은 자신들의 실제적인 업적과 발명품에 자부심을 느꼈습니다.

크테시비오스

기원전 3세기의 알렉산드리아 출신 공학자이자 발명가인 크테시비오스는 그리스(헬레닉)의 숙련공이었습니다. 그는 압력이 가해지는 물과 공기(더 나아가서는 모든 유체)에 관한 연구인 **수력학**과 **기체역학**을 발전시켰습니다. 정확한 시계와 수압 오르간 발명자로 가장 잘 알려져 있습니다.

클렙시드라

고대 그리스에서는 해시계와 물시계를 모두 사용했는데, 용기 내에 물이 흘러 들어가거나 나갔을 때의 수위로 시간의 흐름을 표시하는 물시계가 클렙시드라입니다. 그러나 수위가 낮아지면 압력이 낮아지고, 따라서 유속도 낮아지면서 시계가 부정확해집니다. 크테시비오스는 균등한 압력을 유지하여 클렙시드라를 정확하게 유지하기 위한 장치를 고안했다고 합니다.

오토마타

고대 기계학자들이 고안했던 기발한 기계들은 실용적이라기보다는 **호기심에 만들어본 장난감**처럼 보였습니다. 정교한 오토마타(스스로 움직이는 기계를 뜻하는 오토머튼의 복수형)가 그중 하나입니다. 사실 그러한 장치들은 담론 학습의 기초로도 사용되었기 때문에 실용적인 부분을 고려할 수도 있었을 겁니다.

히드라울리스

또 다른 기압장치는 히드라울리스입니다. 현대의 오르간처럼 크기가 다른 파이프를 통해 공기를 불어넣어 여러 음을 만들어냈습니다. 펌프를 사용하여 기계적으로 공기를 공급했고, 압력은 물 탱크로 제어했습니다. 로마인들은 서커스에 사용하며 유희를 즐겼습니다.

전쟁 기계들

고대 기계학자들의 주요 관심사는 **노포**(돌을 발사하는 옛 무기), **투석기**, 그리고 **공성기**의 건설이었습니다.

안티키테라 메커니즘

잠수부들이 해저 난파선에서 부식된 금속 덩어리를 발견했을 때,
고대 역사에서 가장 특별한 인공물을 발견했다는 것을 꿈에도 몰랐을 겁니다.

난파선

1900년, 해면채취 잠수부들이 크레타섬 북서쪽 끝에 있는 안티키테라섬 앞바다에서
기원전 1세기의 로마 난파선을 발견했습니다. 귀중한 조각상, 동전, 여타의 물건들 뿐
만 아니라 바위와 따개비 덩어리에서 작은 청동 조각이 붙어있는 것을 발견하였고,
이를 **품목 15087**이라고 표시했습니다.

기계공학

고대의 시계장치

결과적으로 품목 15087은 정교한 톱니바
퀴와 기어로 가득 찬 나무 프레임을 가진
장치의 잔해로 확인되었는데, 바로 **고대의
시계장치였습니다.** 천체의 위치를 알아내
는 데 도움을 주는 일종의 줄자인 아스트
롤라베라고 추측되었지만 그 이상으로 복
잡한 장치라 생각하지 않았던 이유는, 최
초의 기계적 천문학 계산기가 그로부터 천
년 후의 것으로 알려졌기 때문입니다.

고대의 태양계 시계

오늘날 안티키테라 메커니즘은 고대의 컴
퓨터라고 부를 정도로 **매우 정교한 천문계
산기이자 태양계 시계**라고 알려져 있습니
다. 앞면의 다이얼과 37개의 기어에 동력
을 공급하는 손잡이를 돌려 설정할 수 있
었습니다. 최소 7개의 다이얼이 천체의 움
직임과 일식의 날짜를 보여주는 기능을 했
습니다. 기원전 80년으로 설정되어 있는
기계의 날짜로 그 배가 난파된 날짜를 추
측합니다.

기계적 전문가

이 메커니즘은 1세기 초에 **선도적인 악기 제작자들과 천문학자들의 본거지였던 로도스**섬에서
나왔을 가능성이 높습니다.

에올리오스

공학역사의 가장 큰 미스터리 중 하나는
고대인이 증기기술을 가지고 있었음에도 왜 개발하지 못했는가에 대한 것입니다.

알렉산드리아의 헤론

로마인에게는 헤로라고 불렸던 헤론은 1세기 알렉산드리아의 선도적인 기계철학자였습니다. 헤론은 크테시비오스와 아르키메데스의 아이디어를 개선해 **오토마타, 측정, 광학, 무거운 무게의 운반에 관한 책**을 썼습니다.

증기 구동

헤론의 가장 유명한 기계는 실제 적용사례가 알려진 적 없는 도구입니다. 에올리오스라고 불리는 원시 증기 터빈입니다. 로마 공학자 비트루비우스가 기술한 바에 따르면, 에올리오스는 이중 주둥이가 있는 주전자가 축에 장착된 기본적인 형태로 구성되어 있습니다. 에올리오스의 원통형 몸체가 가열되면서 주전자의 주둥이를 통해 증기가 뿜어져 나가면, 그 반동으로 인해 몸체를 반대방향으로 밀어낼 수 있게끔(로켓처럼) 배치되었습니다. 헤론의 에올리오스는 회전체를 보일러와 연결하는 튜브가 있어서 조금 더 복잡했습니다.

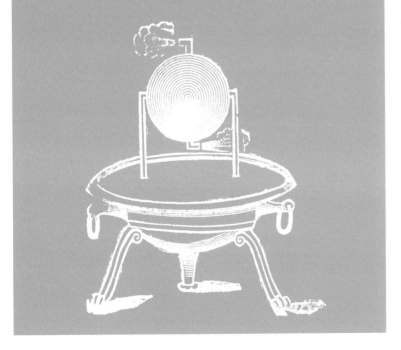

대안의 역사

헤론의 에올리오스는 고대인들이 증기기관으로 회전력을 생산하는 방법을 알고 있었다는 것을 의미합니다. **왜 이 기술을 유럽의 후손들처럼 산업이나 운송에 적용하지 않아서 고대 산업혁명을 일으키지 못했을까요?**

아마도 고된 노동을 노예들에게서 무상으로 착취했던 그들의 사회적 경제구조가 이러한 기술의 발전을 허락하도록 구조화되지 않았음을 암시합니다.

상상 응용

헤론의 다른 업적으로는 물레방아식 회전발전을 통합해 개선한 수압 오르간과 물 펌프가 있습니다. **증기기관을 물 펌프와 연결시킬 생각이 있었다면,** 강력한 펌핑기관을 만들어 로마의 수압공학에 적용해 더 많은 응용제품을 개발했을 겁니다. 증기와 회전바퀴 발전기를 결합했다면 증기 터빈을 만들 수도 있었을 것입니다.

기계공학

장형

서기 2세기의 박식가인 장형은 중국의 다빈치라고 불립니다.
지진을 측정하는 기계를 만드는 등의 큰 공을 세웠습니다.

기계공학

르네상스맨

영국식으로는 창형으로 불리는 장형(서기 78–139)은 오랫동안 관직에 있던 유명한 시인
이자 사학자였습니다. 또 수학자이며 자연과학자이자 천문학자이기도 했습니다.

정밀 시계

동시대의 그리스 학자들처럼. **장형은 물의
공급을 조절하여 물시계의 정확성과 확실
성을 개선**하였습니다.

혼천의

그는 몇 가지 혁신을 결합하여 수력으
로 움직이는 **혼천의**를 만들었습니다.
혼천의는 천체들의 움직임을 나타내는
천구의 복잡한 역학적 모델입니다. 혼
천의의 개선사항 중 하나가 시계태엽
장치의 주요 구성요소인 탈진기의 개
발에 도움이 되었습니다.

지진계

장형의 발명품 중 가장 잘 알려진
것은 **'후풍지동의'**라는 이름의 지
진풍향계입니다. 초창기에 제작된
것 치고는 매우 정교한 간이 지진
계입니다. 이 기계로 멀리 떨어져
있는 진동을 감지하거나 진원지의
방향을 알아낼 수 있었습니다.

용의 입(용구)

간이 지진계는 청동 항아리와 같은 형상이었는데, 외부에는 용의 고리들이 나침반의
여러 위치를 가리키고 있었습니다. 지진이 감지되면 해당하는 위치의 용의 입에서 공
이 떨어져 청동 두꺼비의 입으로 떨어지도록 설계되었습니다.

펌프

이 예고 없는 기술은 놀랍게도 과학과 산업의 발전에 중요한 역할을 했습니다.

고대의 펌프

고대의 공학자들은 이론보다는 실제 경험을 바탕으로 펌프를 즉흥적으로 제작했습니다. 물 양동이를 올리는 데 사용하는 무게추 레버인 **방아두레박**은 유체를 옮기는 데 사용하던 초창기의 방법 중 하나였습니다. 경사면의 원리로 작동하는 **아르키메데스의 나선식 펌프**는 아마도 그리스의 것보다 몇 천년은 앞섰을 겁니다.

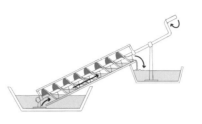

펌프와 과학혁명

펌프공학의 개선방안 중 특히 주요했던 것은 **가죽 와셔를 도입하여 누출을 줄여 저진공 상태를 만든 것**입니다. 영국 아일랜드의 화학자 로버트 보일 등의 중추적인 인물들은 이를 과학적 조사에 사용하였습니다.

튜브 기술

음극선관이나 엑스레이 같은 튜브 기술을 개발하기 위해서는 고진공의 펌프가 필요했습니다.

공기압

중세시대에는 광부가 광석을 계속해서 찾아내기 위해, 광산을 계속해서 파고 들었습니다. 굴착 시 나오는 물을 깊이 때문에 퍼 올리기 점점 힘들어졌기 때문에 **펌프는 광산에 필수**였습니다. 그러나 펌프가 물을 끌어 올릴 수 있는 **최대 깊이가 9m**밖에 되지 않았습니다.

1644년에 이탈리아 과학자 에반젤리스타 토리첼리가 **대기의 무게가 9m의 물기둥 무게와 같아서 이러한 한계에 이르는 것임**을 증명했습니다.

펌프의 종류

펌프에는 주요한 두 가지 유형이 있습니다. 회전하는 임펠러로 유체의 회전을 가속시켜 펌핑력을 만드는 **원심 펌프**, 피스톤 펌프처럼 유체를 빨아들인 후 배출하는 **용적식 펌프**입니다.

시계

천문학과 항해에 시계는 주요한 기계입니다.
중세 이후의 위대한 공학도전 중 하나가 정확한 시계를 만드는 것이었습니다.

아스트롤라베

중세시대의 시계조차 경이로운 것이었지만, 본질적으로는 천체의 움직임을 계산하는 기계인 아스트롤라베였기 때문에, **시간을 관리하기 위해 사용되기보다는 천문학적인 용도**로 사용되었습니다.

구동력

스프링이 등장하기 전까지 시계의 주된 추동력은 **중력**이었습니다. 하강 중량은 위치에너지를 운동에너지로 변환했고, 태엽장치의 톱니바퀴와 기어를 통해 다이얼의 바늘을 움직였습니다.

탈진기

탈진기는 톱니를 번갈아 맞물면서 앞뒤로 흔들리는 막대입니다. 무게의 힘을 억제하는 기발한 방법이었지만, 갈릴레오가 진자의 원리를 증명하기 전까지는 규칙적으로 작동시킬 수 있는 **자연적인 조절 방법이 없었습니다.**

더 나은 조절

네덜란드의 발명가 크리스티안 호이겐스는 1657년에 진자조절시계를 발명했습니다. 그후 수세기 동안 탈진기의 운용법을 개선하고 열팽창과 같은 변수에 대응하려는 시도가 이어졌습니다.

경도 경쟁

조종사들은 장소와 관계없이 정확한 시간으로 경도를 계산할 수 있길 바랐습니다. 1714년 영국 정부가 정확한 시계를 발명하는 사람에게 상을 준다고 발표했고, **25년 후 시계제작자 존 해리슨이 매우 정확한 크로노미터**(천문과 항해에 사용하는 정밀한 경도측정용 시계)를 완성하여 상을 받았습니다.

증기 터빈

뉴커먼과 와트의 엔진은 증기가 유용한 일을 할 수 있는 엄청난 잠재력을 가지고 있다는 것을 증명했지만,
이 강력한 힘을 최대한으로 활용할 수 있는 방법이 수수께끼였습니다.

다수의 단계

증기에서 더 많은 에너지를 추출하는 방법이 필요했습니다. 물을 증기로 변환하기 위해서 많은 양의 열에너지를 사용했는데, 그에 비해 뉴커먼과 와트의 기관은 낭비하는 에너지의 양이 많았습니다. 한 가지 해결책으로 두 개 이상의 확장 용기를 사용해 증기를 여러 번 사용했습니다.

자극 VS 반응

증기가 회전자에 에너지를 전달하는 방법은 **두 가지**가 있습니다. **임펄스 엔진**에서는 증기가 회전자의 날개를 주위로 밀어내는 것으로, **리액션 엔진**에서는 증기가 날개를 한 방향으로 꺾어서 다른 방향에 이와 같은 힘의 반작용이 생기게 합니다. 정원 스프링클러가 회전하는 방법입니다.

파슨스

영국의 공학자 찰스 파슨스는 증기로부터 모든 에너지를 추출하기 위해 여러 개의 날개를 사용하는 **리액션 엔진을 사용해 고효율의 증기 터빈을 개발했습니다.** 그의 터빈으로 전기 발전기를 작동할 수 있었고, 나중에는 증기선도 작동하게 했습니다.

회전운동

또 다른 문제는 빔 엔진의 왕복 운동이 많은 에너지를 낭비한다는 것입니다. 이런 측면에서 물레방아처럼 회전 운동을 하는 터빈이 더 효율적이지만, **증기와 물의 성질이 매우 달라 활용할 수 없었습니다.** 효율적인 증기 터빈을 만드는 것이 큰 과제였습니다.

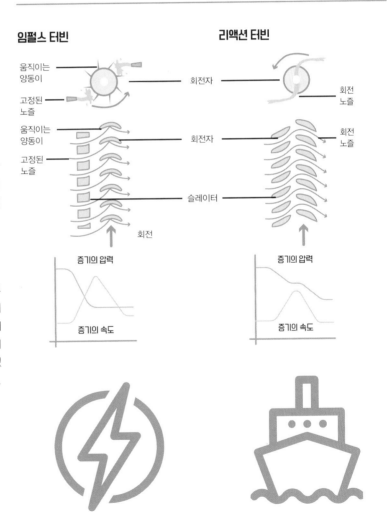

임펄스 터빈
- 움직이는 양동이
- 고정된 노즐
- 움직이는 양동이
- 고정된 노즐
- 회전자
- 회전
- 증기의 압력
- 증기의 속도

리액션 터빈
- 회전자
- 회전 노즐
- 회전자
- 회전 노즐
- 슬레이터
- 증기의 압력
- 증기의 속도

기계공학

계산기

과학의 발전으로 인해 계산할 것들이 점점 늘어났는데, 이로 인해 발생한 노동과 신뢰성 없는 결과들은
오히려 과학자들의 연구에 방해가 되었습니다. 공학자들이 도울 수 있을까요?

다빈치의 기계

다빈치가 그린 두 개의 스케치에는 **계산기를 고안한 것으로 보이는 내용이 기술**돼 있습니다. 회의론자들은 이 스케치의 내용이 과도한 마찰로 인해 현실에서는 작동이 불가한 비율 기계(비율의 원리를 설명하는 사고실험)에 불과하다고 주장했습니다.

네이피어 계산봉

빌헬름 시카드가 만든 최초의 기계식 계산 장치는 포켓용 곱셈/나눗셈 도구인 **네이피어 계산봉**을 기반으로 했습니다. 네이피어 계산봉은 1600년대 초에 스코틀랜드의 수학자 존 네이피어가 고안한 것으로 계산 보조 장치로 사용가능한 숫자가 새겨진 한 세트의 봉이었습니다.

파스칼린

1642년에 18살이었던 블레즈 파스칼은 프랑스의 수학 영재였습니다. 세무서 직원인 아버지를 돕기 위해 기계식 덧셈 계산기를 고안했는데, 정사각형 청동상자의 몸체였고, 앞면에 내부 톱니바퀴를 움직이게 하는 다이얼이 있었습니다. 하나의 톱니가 한 바퀴를 완전하게 돌고 나면 이보다 수학적으로 한 단위 높은 왼쪽에 위치한 톱니바퀴가 10분의 1 회전을 하게되며 숫자

가 다시 0으로 맞춰지는 원리입니다. 파스칼린(파스칼 계산기)으로 불린 이 계산기를 50개 생산했으나, 15개도 팔리지 않았습니다.

계단형 계산기

독일의 철학자이자 수학자인 고트프리트 빌헬름 라이프니츠가 파스칼린의 개념을 이해하고는 **덧셈과 뺄셈뿐 아니라 곱셈과 나눗셈도 가능한 계산기계**를 만들기로 결심했습니다. 그가 만든 계단형 계산기에는 라이프니츠 휠이라 불리는 특수한 원통형 톱니가 사용되었습니다. 다이얼로 숫자를 설정하고 크랭크를 돌려 작동하는 형식이었습니다.

키 입력 계산기

약 200년 동안 대부분의 계산기가 파스칼과 라이프니츠의 설계를 따랐습니다. 1884년 미국의 발명가인 도어 펠트가 최초로 키로 입력하는 계산기를 발명했지만, 오늘날에 사용하는 표준 3열 10키 형식의 계산기는 오스카 선드스트랜드가 1914년에 발명했습니다.

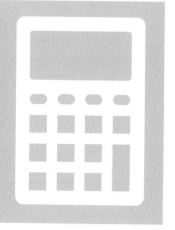

배비지의 엔진

기계적 컴퓨터와 가장 비슷한 것으로 알려진 '해석기관'은
19세기에 영국의 수학자이자 공학자인 찰스 배비지가 고안했습니다.

손으로 계산하다

계산기와 컴퓨터가 출현하기 이전에는 그 **길고도 복잡한 계산을 손으로** 해내야 했습니다. 배비지는 불가피한 인적과오에 격분하여 계산을 할 수 있는 기계를 발명하기로 결심했습니다. 1823년이었습니다.

차분 엔진 제1번

배비지가 최초로 만든 것은 시계장치기계였는데, 유한차분법이라는 수학적 기술을 사용하여 복잡한 계산을 할 수 있는 기계입니다. 톱니바퀴의 회전으로 숫자를 표현하는 방식이어서 엔진을 돌리면 입력한 내용이 출력되었습니다. 배비지는 돈이 다 떨어지기 전까지 개발을 진행했는데, 10년 동안 총 17,000파운드를 소비했습니다.

이 엔진은 약 2.4m 높이였으며 25,000개의 부품이 사용됐습니다.

차분 엔진 제2번

1847년 배비지가 간소화한 차분 엔진을 만들 계획을 세웠지만, 정부의 자금을 지원받는 것에 실패하여 프로젝트를 실행하지 못했습니다.

해석기관

1834년에 배비지는 더 야심찬 장치를 만들 계획을 실행에 옮겼습니다. 그 장치가 바로 해석기관인데, 중앙처리장치(CPU), 메모리저장소(1,000개의 50자리 숫자를 저장할 수 있는 용량), 프린트 기능 등을 갖추고자 했고, 펀치카드로 프로그래밍할 수 있도록 설계했습니다. 오늘날의 **컴퓨터가 가진 기능들을 예측한** 장치였지만, 당시 기술에 비해 너무 진보적이었기 때문인지 **결코 만들어낼 수 없었습니다.**

최초의 프로그래머

배비지가 고안한 해석기관에 사용할 수 있는 **알고리즘을** 그의 친구인 **에이다 러브레이스가** 개발했습니다. **세계 최초의 컴퓨터 프로그래머**라는 호칭을 얻었습니다.

파종기

농업 혁명의 대표기술은 단순하지만 효과적인 공학기술이었습니다.

손뿌림

파종기가 광범위하게 사용되기 전까지는 **농부가 직접 밭에다 씨앗을 흩뿌리는 방식**으로 파종했습니다. 이 방식은 **여러가지 이유로 비효율적**이었습니다. 흙 위로 씨앗들이 뿌려졌기 때문에 새들의 먹이가 되었고, 식물들이 너무 가까이에서 자라 수확량이 낮았습니다. 식물들이 들판 주위에서 무턱대고 자랐기 때문에 잡초를 없애고 비료를 뿌리는 작업에 시간이 오래 걸렸습니다.

드릴 이야기

기원전 1500년 고대 바빌로니아인이 파종기의 일종을 사용했고, 중국인은 서기 1세기 전후에 다관 철 드릴을 발명했습니다. 파종기는 이탈리아 르네상스 시대에 더욱 발전했습니다.

제쓰로 툴

영국의 농학자 제쓰로 툴은 농업의 관행을 관찰하다가 효율성과 수확량을 높일 방법을 찾기로 결심했습니다. 1701년에 파종기를 만들기 시작했습니다.

파종기

툴의 기계는 **씨앗이 든 회전 원통이 달린 마차**였습니다. 마차가 굴러갈 때 원통이 돌아가며 구멍에서 씨앗이 흘러나와, 마차 앞 편의 쟁기가 파놓은 이랑으로 떨어졌습니다. 마차의 뒤편에는 씨앗 위에 흙을 덮고 땅을 고르는 써레가 있었습니다. 병렬로 배열함으로써 **한 농부가 동시에 여러 개 열에 씨앗을 심을 수 있었습니다.**

드릴이 아닙니다

툴이 만든 기계는 구멍을 파는 것과는 연관이 없었지만, 농부들이 **직접 씨앗을 이랑에 떨어뜨리는 것**을 '드릴링'이라 불렀기 때문에 기계의 이름을 파종기(seed drill)라고 붙였습니다.

씨앗 해결책

파종기는 새로부터 씨앗을 보호하고, 줄지어 심음으로써 배수와 성장에 필요한 영양소의 공급을 원활하게 했으며 잡초를 더 쉽게 제거할 수 있었습니다. 따라서 농작업의 효율성이 매우 증가하였습니다.

씨앗을 옮김

이랑의 깊이를 균일하게 함

씨앗을 이랑 안에 넣음

씨앗 주위의 흙을 눌러주며 씨앗을 **덮음**

직기(직물 짜는 기계)

여러 공학적 발전으로 섬유산업이 가능해지면서
영국이 산업혁명의 시작을 이끌었습니다.

가내수공업

18세기 초, 섬유제조의 두 가지 단계인 방
직과 직조는 모두 가정에서 이루어졌습니
다. 인간이 직접 수행하기에 **강한 면실을
돌리는 어려움, 좁은 베틀 같은 요인으로**
인해 생산성이 제한되었습니다.

날실과 씨실

직물을 짤 때는 실을 평행한 선(날실)으로
배열한 다음, 각 날실의 위아래로 씨실이
통과하게 합니다. 씨실은 직조기의 북*에
서부터 손으로 통과하며 꿰어집니다. **베틀
은 사람의 손이 닿는 범위만큼의 넓이였으**
므로 한 번에 만들 수 있는 천의 폭이 제한
되어 있었습니다.

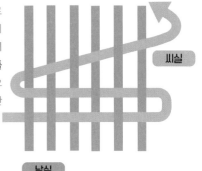

씨실

날실

플라잉셔틀

1733년 존 케이는 **끈을 이용해 앞
뒤로 당길 수 있는, 작은 바퀴로
작동하는 직조기 북**을 발명했습니
다. 이 플라잉셔틀 덕분에 훨씬 더
넓은 베틀을 만들 수 있게 되었고,
작업 속도가 향상되어 한 사람이
두 명 이상의 일을 할 수 있었습
니다.

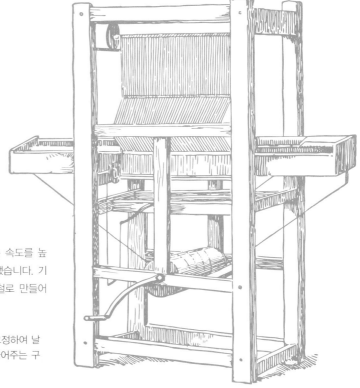

역직기

1785년에 성직자 에드먼드 카트라이트가 베 짜는 속도를 높
이기 위해 외부 동력을 사용하는 역직기를 발명했습니다. 기
계가 꾸준히 개선되면서 나중에는 나무가 아닌 철로 만들어
지며 증기 엔진으로 구동할 수도 있었습니다.

★ 북 : 베를 짤 때 씨실의 꾸리를 넣고 북바늘로 고정하여 날
　　실의 틈으로 왔다갔다 하게 하며 씨실을 풀어주는 구
　　실을 하는 배처럼 생긴 나무통

방적 기계

공학기술의 혁신이 방적과 직조의 경쟁을 부추겼습니다.
서로의 수요와 공급을 맞추기 위해 분투하면서 또 다른 혁신을 이끌었습니다.

제니 방적기

1767년 영국의 방직공인 제임스 하그리브스는 자신의 딸의 이름을 딴 제니 방적기(다축방적기)를 발명했습니다. 당시의 방적은 하나의 휠로 하나의 방추(실에 꼬임을 주면서 목관 등에 감는 데 필요한 강철로 만든 작은 축)를 돌리는 방식이었는데, 하그리브스는 **하나의 휠로 하나 이상의 방추를 돌리는 게 가능**할 것이라 생각했습니다. 제니 방적기는 8개의 방추를 돌릴 수 있습니다.

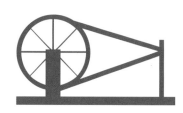

수력 방적기

리처드 아크라이트는 제니 방적기로도 방직공들이 플라잉셔틀로 만들어지는 실의 공급을 해소할 수 없다는 걸 발견했습니다. 이에 1764년부터 커다란 방적기계를 제작하기 시작했는데, 수력으로 작동하여서 수력 방적기라고 불렸습니다. **물레방아가 필요했기 때문에 특수한 건물(공장)에서 작업**해야 했습니다.

물 방적기

이제 충분한 속도로 면사를 생산할 수 있었지만, 품질의 변동이 심했습니다.

1779년에 방직공인 새무엘 크럼프턴이 제니 방적기와 수력 방적기의 장점을 합쳐 **물 방적기**를 만들어 매우 가는 다랗고도 일정한 실을 만들 수 있었습니다.

기계공학

에반스의 방앗간

올리버 에반스는 18세기 후반의 저명한 미국의 발명가입니다.
자동화된 곡물도정 생산 라인을 구축하여 도정업계를 변화시켰습니다.

곡식에 대하여

1782년 에반스와 그의 형제들이 방앗간을 물려받았습니다. 운영의 문제들이 많았고, **모든 문제를 공학적으로 해결**하기로 결심했습니다.

공장에서 곡물과 밀가루 포대를 위아래로 운반하고, 곡물을 늘어놓는 데 **육체노동**이 사용되었습니다.

먼지, 벌레, 다른 오염물들이 **밀가루에 섞여들어** 갔습니다.

제분하고 건조하는 공정에 **시간이 너무 많**이 걸려 효율성이 떨어졌습니다.

긴 공정 시간 때문에 **곡물과 밀가루가 훼**손되며 해충이 들끓었습니다.

많은 노동력이 필요한 공정 때문에 **제분 비용이 증가**했습니다.

기계공학

다섯 가지 기계들

이러한 문제를 해결하기 위해 에반스는 **기존의 혁신을 결합**한 시스템을 설계하여 **새로운 혁신**을 이뤄냈습니다. 1787년까지 다섯 가지의 혁신적인 장치를 구동하기 위한 수력 기반의 건물을 설계했습니다.

- 버킷 승강식 : 가죽벨트 받침에 나무나 주석으로 된 바구니를 이어서 포대를 운반함으로써 사다리를 이용해 운반하는 노동력을 대신함
- 재료를 수평으로 이동시키는 오거와 스크류 컨베이어 개발
- 드릴 : 경사면에서 재료를 운반하기 위해 루프 순환 방식의 컨베이어 벨트 개발
- 디센더 : 재료를 아래로 운반하기 위해 순환하는 또 다른 컨베이어 벨트 개발
- 호퍼-보이 : 바닥에 밀가루를 펼쳐서 말리는 일을 맡았던 작업자의 이름을 딴 기계로, 호퍼-보이에는 밀가루를 뿌리기 위한 회전 갈퀴가 있음

효율성 개선

에반스의 방앗간에서는 **한 명의 작업자가 다섯 명 분량의 작업**을 수행할 수 있었습니다. 시간당 약 8톤의 곡물을 처리했습니다.

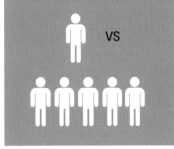

조면기

엘리 위트니의 목화조면 기계는
미국 남부의 사회적 경제를 변화시켰고 역사의 흐름을 바꾸어 놓았습니다.

끈적끈적한 씨앗

엘리 위트니는 미국 북부지역 출신으로, 1792년에 조지아로 이주했습니다. 그는 그곳의 목화농장주들이 끈적끈적한 씨앗을 가진 단섬유 품종의 목화를 수익성 있는 상품으로 바꾸기 위해 고심하고 있는 것을 눈여겨 보았습니다. 그들에게 필요한 건 **씨앗을 빠르고 저렴하게 제거하는 방법**이었습니다.

솔질하다

위트니의 설계는 단순하면서도 우아했습니다. 작은 갈고리들로 덮인 롤러가 씨앗을 분리해내고, 목화 섬유만을 촘촘한 빗살 같은 격자를 따라 집어넣었습니다. 격자 반대편에는 롤러의 짧고 뻣뻣한 털이 회전하며 씨앗을 빗어 제대로 분리되지 않은 섬유들을 마저 떨어지게 했습니다.

마력

위트니는 말로 구동하는 바퀴가 달린 기계를 고안했습니다. '기계 하나로 50명이 작업하던 일을 사람 한 명과 말 한마리로 할 수 있습니다.'라고 아버지에게 편지를 썼습니다.

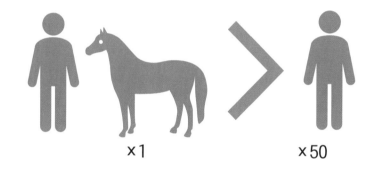

x1   >   x50

나쁜 소식

조면기와 다른 혁신들 덕분에 목화재배가 엄청난 이윤을 남기는 사업이 되었습니다. 목화 농업의 규모가 커지면서 노예에 대한 수요도 많이 늘어났는데, **노예들은 산업화된 착취 시스템 안에서 이전보다 더욱 무자비하게 다뤄졌습니다.** 목화농업의 성장과 함께 미국 남부는 돌이킬 수 없을 만큼 노예제도에 묶여버렸습니다.

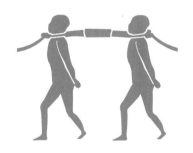

포츠머스 풀리 제작소

가장 초기의 산업용 대량생산공장 중 하나인 포츠머스 풀리 제작소는 마크 브루넬의 아이디어였습니다.

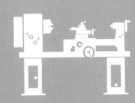

블록 파티

18세기 말 나폴레옹 전쟁으로 소란스러운 가운데, 영국 왕실해군은 도르래 관련 재료와 장비를 독차지하며 엄청나게 기술적으로 진보한 기업이 됐습니다. 대형 선박 하나를 만드는 데 다양한 크기의 블록 1,000개가 들었으므로 영국 왕실해군은 연간 10만 블록 이상이 필요했습니다.

산업 중심지

해군공사 감사관 사무엘 벤담 준장의 지휘 아래 포츠머스의 조선소들은 최첨단 기술과 첨단 워크샵을 통해 세계 유수의 산업 현장으로 탈바꿈했습니다. 벤담은 거대한 배수 분지 위에 증기기관으로 움직이는 기계와 함께 목재공장 단지를 건설했습니다.

기계의 부상

브루넬은 헨리 모즐리, 사이먼 굿리치, 벤담과 같은 공학자들과 함께 작업하면서 일련의 기계를 개발했습니다. 나무를 표준화된 블록으로 잘라낸 다음 시추, 지루, 절단, 밀링, 그리고 대패질을 거쳐 다양한 크기와 사양의 블록을 제작하는 기계였습니다(최초에는 나무였다가 나중에는 금속으로 제작함).

브루넬의 제안

벤담도 블록 생산속도를 높이기 위해 기계를 몇 대 설계했었지만, 진척되지 않았습니다. 1802년에 마크 브루넬이 자신의 블록 제작기계 설계를 영국 왕실해군에 제안했고, 이 설계를 벤담이 채택될 수 있도록 도왔습니다.

생산 부스트

이 기계는 10명의 남자가 110명의 숙련된 목공들이 생산하는 만큼 많은 블록을 생산했습니다. 1808년까지 풀리 제작소는 해마다 13만 개의 블록을 생산하였습니다.

스털링 엔진

열의 차이로 작동하는 폐쇄적이고도 조용한 저온 엔진인 스털링 엔진은 1816년에 발명되었습니다.
이제서야 그 진가를 발휘하고 있습니다.

폭발 일보 직전 상황

로버트 스털링은 스코틀랜드 성직자로, 한 공업지역에서 지내며 증기기관이 주민들에게 미치는 위험을 우려했습니다. 증기기관들은 보일러를 이용해 증기를 만들었는데, 이때 수반되는 높은 압력이 약한 철제 보일러 판을 혹사하여 **종종 폭발을 일으켰습니다.**

공기기관

스털링은 피스톤을 밀어내며 열을 일로 바꾸는, 매체로 공기를 사용하는 공기기관에 대해 알고 있었지만, **비효율적이라고 생각**했습니다. 이내 그 비효율을 개선시키겠다는 결심을 굳혔고, 1816년 열 교환장치(축열 장치)인 **열 이코노마이저**를 발명해 공기기관의 효율을 크게 향상시켰습니다.

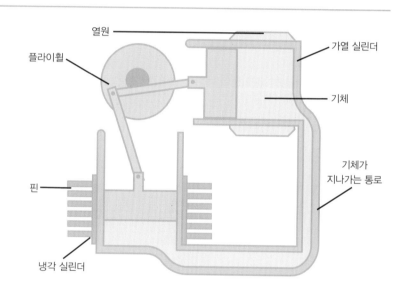

열원

플라이휠

가열 실린더

기체

기체가 지나가는 통로

핀

냉각 실린더

더 안전한 기관

이듬해 스털링과 그의 동생은 이코노마이저를 공기기관에 적용해 증기기관보다 낮은 열로 작동되는 엔진을 생산하여 **증기 데임이 없고 폭발하지도 않는 기관**을 만들었습니다. 1818년까지 스털링 엔진은 인근 채석장의 펌프 가동에 사용되었습니다.

현대의 사용

강철제조 분야의 발전으로 더 강한 보일러 판을 생산할 수 있게 되면서, 증기기관이 안전해졌습니다. 따라서 비용이 많이 드는 **스털링 엔진이 증기기관을 대체하는 데 실패**했습니다. 하지만 스털링 엔진이 가진 효율성과 **매우 낮은 소음**이라는 특성이 잠수함과 친환경 발전 분야에 응용되었습니다.

증기 해머

기계 하나로 50명이 작업하던 일을 사람 한 명과 말 한마리로 할 수 있습니다

틸트 해머

증기 해머가 만들어지기 전에는 증기력에 대장장이가 동원됐습니다. 틸트나 트립 해머는 기계화된 대장장이의 팔이라고 할 수 있습니다. 팔 끝에 망치가 달려있으며, 수력이나 증기력으로 들어올려졌다가 호를 그리며 떨어집니다.

완전한 무게

1839년 공구제작 공학자인 제임스 네이즈미스는 그레이트웨스턴 스팀컴퍼니의 최고 공학자로부터 SS 그레이트 이스턴호에 사용될 거대한 차축을 만들 수 있는 사람이 없다는 한탄이 담긴 편지를 받았습니다. **그러나 외륜의 크기가 하강하는 틸트** 해머의 호의 움직임을 방해했기 때문에 틸트 해머로는 작업 자체가 불가능한 상황이었습니다.

네이즈미스의 해머

네이즈미스는 즉시 틸트 해머로는 할 수 없는 **새로운 종류의 해머를 스케치**했는데, 다음과 같은 요소들을 묘사했습니다. '거대한 모루… 해머를 구성하는 쇳덩어리… 해머 블록이 부착된 피스톤 로드가 있는 역증기 실린더.' **증기력**이 피스톤과 부착된 해머를 높이 들어올렸고, 증기가 방출되면서 해머가 **중력**의 영향을 받아 떨어졌습니다.

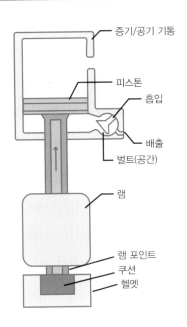

증기/공기 기통

피스톤

흡입

배출

벌트(공간)

램

램 포인트
쿠션
헬멧

커다란 해머

네이즈미스는 해머를 발명한 후에 특허를 내지 않고 있다가, **1842년이 되어서야 특허를 신청**했습니다. 그 무렵 프랑스의 르 크루소 공장에서 **이미 실용화하여 사용하고 있었다고** 합니다. 르 크루소는 후에 거대한 110t짜리 해머를 만들었는데, 오늘날까지 기념물로 남아있습니다.

부드러운 터치

네이즈미스의 해머 실린더에는 증기 유출을 조절하는 밸브가 있어 **매우 섬세한 제어가** 가능했습니다. 그가 가장 좋아했던 건, 녹은 잉곳을 두드려 얇은 판으로 만들기 전에 달걀을 넣은 와인 잔의 유리를 손상시키지 않고서 달걀의 껍질을 깨는 것이었습니다.

로봇

로봇은 많은 의미를 가질 수 있지만, 일반적으로 자율기계로 간주합니다.

오토마톤

고대 유럽과 중세 이슬람의 기계학자들은 **재미와 놀라움과 논쟁을 유발하기 위해 기발한 오토마타**(스스로 움직이는 기계를 뜻함)**를** 만들었습니다. 그 관습은 현대사회까지 계속되었습니다. 1738년 프랑스의 공학자 자크 드 보캉송이 만든 '**소화하는 오리**'는 날개를 퍼덕이고, 꽥꽥거리며, 먹고, 배변까지 할 수 있었다고 합니다.

일하는 로봇

고대 그리스 신화에서 이야기된 '**기계하인과 노동자**'는 적어도 19세기 이전까지 공상과학소설에서 다뤄지는 소재였으며, **현실의 기술이 곧 그것을 가능하게 만들 것이라 여겼습니다.** 하지만 실제로는 1961년 까지도 산업용 로봇은 사용되지 않았습니다.

유니메이트

유니메이션은 1956년 공학자 조셉 엥겔버거와 발명가 조지 데볼이 설립한 회사로, 프로그램 작동이 가능한 자동화 시스템을 만들었습니다. 유니메이트를 개발하여, 1962년에 제너럴 모터스 공장에 적용되어 사용됐습니다. 프로그램되어 작동하는 로봇팔이었습니다.

잔디 깎는 기계와 진공 청소기

아직까지 조립 라인이 아닌 곳에서 상업화된 로봇은 거의 없습니다. 잔디를 깎거나 바닥을 깨끗이 닦는 집안 일을 할 때 사용되는 기계들은 로봇 장난감들처럼 흔하게 사용되는 로봇입니다. 자율주행차량도 사실상 로봇입니다.

로봇 챌린지

로봇을 실험실 밖에서 실용적으로 사용하기에는 아직 극복해야 할 공학적 난제들이 많습니다. 자율적 운용을 위한 **충분한 전력**, 시각적 인식이나 복잡한 환경 인지 등 인간에게는 쉬운 작업의 실시간 운용을 위한 **적절한 AI**, 튼튼하고 저렴한 구축이 포함됩니다. 로봇은 현실적 운용 대비 너무 취약하고 값이 비쌉니다.

제임스 다이슨

혁명적인 진공 청소기 설계로 유명한 영국의 공학자 제임스 다이슨은
두려움이 없는 발명가이자 인습 타파주의자입니다.

볼 손수레

다이슨은 공학자가 되기 전에 미술학교에서 디자인을 공부했습니다. 그의 초기 혁신 중
하나는 볼 손수레로, **바퀴를 큰 공으로 대체하여 기동성을 높인** 외바퀴 손수레였습니다.

더스트 버스터

볼 손수레를 만드는 공장에서 다이슨은 먼지와 관련된 문제에 직면했습니다. 손수레의 일
부를 코팅할 때 사용하는 수지에서 먼지가 발생하며 문제를 일으킨 것인데, 이를 해결하
기 위해 회전하는 공기를 사용하여 **먼지 입자를 제거하는 산업용 사이클론* 타워**를 설치
했습니다.

이 진공청소기는 형편없습니다

1978년 다이슨은 가정용 진공 **청소기의 먼지통이 먼지로 막혀서 흡입력을 잃는 것**에 불
만을 가졌습니다. 따라서 가정용 진공 청소기에 **사이클론 기술을 적용하겠다**는 생각을 갖
게 되었습니다.

개발 지옥

이후 5년 간 다이슨은 황동. 알루미늄. 그리고 퍼스펙스(유리 대신에 쓰는 강력한 투명 아
크릴 수지)를 사용해 **5,127개의 시제품을 개발**했습니다. 다이슨은 기성 제조업체들과 제
휴를 맺고자 했지만 실패했습니다. 그래서 독자적으로 회사를 설립했고, 현재 연간 60억
달러 정도의 매출을 올리고 있으며 전 세계에 5,800명의 공학자를 고용하고 있습니다.

★ 사이클론 : 입자에 원심력을 작용시켜 분리 포집하는 장치. 여기에서는 이를 이용해 먼지
　　　　　입자를 분리한다.

기계공학

창의적 사고

다이슨과 그의 팀들은 **다른 분야의 창의적
인 공학 솔루션을 재설계**하여 핸드 드라이
어. 선풍기. 헤어 드라이어를 만들어 냈습
니다. 또한 전기차도 개발하고 있습니다.

연대표

각 연도는 최초로 기술이나 공학적 위업이 도래한 시기보다는 중요한 발전이 나타난 시기를 의미합니다.

기원전 60,000년경	빔
기원전 60,000년경	기둥
기원전 60,000년경	트러스 건축물
기원전 11,000년경	생명공학
기원전 10,000년경	선박
기원전 9000년경	로켓
기원전 7000년경	활과 화살
기원전 4500년경	청동기 시대
기원전 4000년경	도로
기원전 3800년경	바퀴(휠)
기원전 3000년경	측량
기원전 2900년경	댐
기원전 2500년경	화장실
기원전 2500년경	아치
기원전 1750년	위험
기원전 1300년경	교량
기원전 1200년경	철
기원전 850년경	공성기
기원전 660년	등대
기원전 550년경	터널
기원전 550년경	상수도와 하수도
기원전 550년경	석궁
기원전 515년	운하와 갑문
기원전 500년경	취약성(내진설계 구조물 설계의 기원)
기원전 400년경	재생에너지
기원전 400년경	물레방아
기원전 350년경	트레뷰셋
기원전 300년경	에너지
기원전 220년경	아르키메데스(주요 업적)
기원전 200년경	고대의 기계들
기원전 200년	지레(지렛대)
기원전 100년경	발리스타
기원전 80년	안티키테라 메커니즘

1세기경	에올리오스
120년경	돔
135년	장형
644년	풍차
850년	화약
1280년	안경과 렌즈
1326년	초기의 대포
1364년	화기와 대포
1500년	만리장성
1500년경	레오나르도 다 빈치(주요 업적)
1600년경	역학
1642년	계산기
1645년	펌프
1657년	시계
1660년	정전기 발생기
1675년	탄성
1701년	파종기
1712년	증기기관
1733년	직기(직물 짜는 기계)
1745년	라이덴 병
1767년	방적 기계
1771년	공장
1773년	토질역학
1776년	대포
1783년	증기선
1787년	에반스의 방앗간
1793년	조면기
1800년	볼타의 전지
1800년경	지구공학
1801년	현수교
1801년	기관차
1802년	포츠머스 풀리 제작소
1809년	초기의 전등
1817년	스털링 엔진
1823년	배비지의 엔진
1824년	열역학
1824년	시멘트

1825년	터널링 쉴드	1913년	포드와 조립 라인
1825년	저항기	1916년	탱크
1826년	버스(옴니버스)	1926년	텔레비전
1829년	스티븐슨의 로켓	1928년	철의폐
1832년	콘크리트	1930년	제트 엔진
1832년	다이너모	1939년	헬리콥터
1833년	이점바드 킹덤 브루넬	1940년	레이더
1837년	후미장전식 대포	1940년대	유한요소해석
1837년	전신	1943년	도약폭탄
1839년	증기 해머	1945년	원자폭탄
1840년경	점성(점도)	1946년	전자레인지
1840년	열	1947년	트랜지스터
1852년	비행선	1948년	정보이론
1856년	베서머의 컨버터	1952년	인공심장판막
1858년	조셉 배젤제트 경 (런던 하수도 건설)	1952년	심박조율기
1861년	자전거	1953년	인공심폐장치
1861년	엘리베이터	1957년	달팽이관과 망막 이식
1866년	전기철도	1957년	스푸트니크
1866년	자기여기다이너모	1958년	집적회로
1868년	제어이론	1959년	호버크래프트
1868년	동력 비행	1960년	레이저
1870년	고층 건물	1962년	로봇
1875년	창발	1968년	인간-컴퓨터 상호작용
1876년	내연기관	1969년	아폴로 계획
1876년	전화기	1972년	유전공학
1877년	축음기	1974년	퍼스널 컴퓨터
1879년	백열전구	1978년	위성항법시스템
1881년	니콜라 테슬라(다상전동기 발명)	1981년	나노기술
1881년	다상유도전동기	1983년	제임스 다이슨
1882년	전기 발전	1988년	조직공학
1884년	증기 터빈	1990년	피사의 사탑 구하기
1885년	자동차	1990년	허블우주망원경
1885년	기관총	1990년	검색 엔진
1886년	뼈 치료	1993년	바이오닉스
1886년	AC vs DC	1994년	영불해협터널
1889년	에펠탑	1998년	국제 우주정거장
1890년	인공 관절	1998년	퀀텀 컴퓨팅
1895년	영상의학	2002년	엘론 머스크(스페이스 X 설립)
1898년	잠수함	2010년	인공생명
1898년	UAV 드론	2013년	CRISPR-Cas9
1901년	라디오	2014년	자율주행차량
1903년	ECG	미래	우주 엘리베이터
1903년	라이트 형제	미래	다이슨 구
1904년	다이오드 밸브	미래	미래의 무기
1906년	트라이오드 밸브	미래	인공지능

용어사전

골재 : 굵은 입자의 재질로 파우더보다는 크고 돌보다는 작은 알갱이

공장 : 제조를 위한 시스템. 일반적으로 건물(들)로 인식됨

금속공학(야금학) : 금속을 연구대상으로 하는 학문

기어 : 회전 운동을 전달하는 장치

나노기술 : 재료, 구조, 장치 등이 분자나 원자의 규모로 설계되거나 운용되는 것

다이너모 : 직류를 생성하는 전기 발전기

돔 : 반구형으로 된 지붕 혹은 천장

동력 : 단위시간 동안에 이루어지는 에너지 혹은 일의 양. 일이 완료되거나 에너지가 변환될 때의 비율

동위원소 : 원자핵 내의 중성자 수에 따라 특성이 달라지는 원소의 유형으로, 원자핵의 안정성에 영향을 줌

마찰 : 접촉면에서 운동을 저지하는 힘

반도체 : 외력에 의해 전기가 잘 통하는 도체와 통하지 않는 절연체의 중간적인 성질을 나타내는 물질

변형력 : 물체 내부에서 단위 면적당 받는 힘 혹은 그 강도

보철 : 인공의 신체 부위 혹은 그 대체물

비틀림 : 물체의 한쪽 끝이 고정된 상태에서 다른 쪽 끝을 비틀었을 경우의 변형

생체공학 : 공학의 원리와 기술을 생물학과 의학에 적용하는 것

생체모방 : 자연공학에서 영감을 얻어 모방하는 것

시멘트 : 건축 시 사용되는 접착 물질

시스템공학 : 요소들을 결합하여 시스템 내의 상호작용을 연구하는 분야

아치형 : 건물의 개구부에 상부의 하중을 지지하기 위하여 돌을 곡선형으로 쌓아 올리는 건축 구조

압축 : 밀거나 압박하는 힘

양력 : 밑에서 위로 작용하는 압력

에너지 : 일을 할 수 있는 능력

엔진(기관) : 힘을 운동으로 변환하는 기계

역학 : 운동 중이거나 평형 상태의 물체를 연구하는 학문. 또는 고전 시대(그리스/로마 시대)에 연구한 기술의 원리

연성 : 잘 휘어지는 성질

인장 강도 : 재료가 부러질 때까지의 최대 인장 하중값

인장력 : 잡아당기는 힘

일 : 힘에 대항해 물체를 움직이는 것

~장 : 각 지점이 힘의 영향을 받는 구역

저항력 : 전류의 흐름을 저해하고 전기에너지를 열에너지로 변환하는 재료의 특성

전단 : 구부러지는 힘. 정렬되지 않은 힘이 반대 방향으로 미는 것

전동기(모터) : 차량 혹은 움직이는 부품들로 된 장치에 원동력을 공급하는 기계

전류 : 전하의 흐름을 나타내는 양

전자 유도 : 움직이는 자기장이 전기장을 유도하거나 그 반대로 유도할 수 있는 현상

전하 : 물체 내에 불균형하게 남은 전기의 양(양전하 혹은 음전하)

정류 : AC(교류)를 DC(직류)로 변환하거나 전자파의 형태를 변경하는 프로세스

정전하 : 움직이지 않는 상태의 전하

지구공학 : 기후를 변화시키는 대규모의 개입 혹은 다른 전 세계적인 범위의 자연적 과정

지레(지렛대) : 단순 기계의 한 종류로, 힘을 증폭시켜 일을 할 수 있게 하는 도구

창발 : 개별 요소에는 존재하지 않거나 예측할 수 없는 속성을 여러 요소의 상호작용 하에서는 시스템이 나타낼 수 있다는 원칙

추력 : 물체를 앞으로 추진하는 힘

축전기(콘덴서) : 정전기장에 전하를 저장하는 장치

침탄법 : 철에 탄소를 첨가하여 강철을 만드는 것

콘크리트 : 인공의 돌

탄도학 : 발사체(탄도체)의 움직임에 관한 과학

터빈 : 보통 회전체에 날개 혹은 깃이 있는 기계로, 유체의 흐름으로 에너지를 추출함

트랜지스터 : 트랜스(trans)와 저항(resistor)을 축약한 것으로, 전기 밸브의 한 종류

평형 : 서로 다른 변수들이 균형을 이루어 전반적으로 변화가 없는 상태

포물선 : 포물체가 중력에 의해 아래로 떨어지는 형상을 설명하는 곡선의 종류

포물체 : 중력에만 영향을 받는 움직이는 물체

하중 : 물체에 작용하는 외력으로, 특히 무게 혹은 압력의 근원 등이 있음

합금 : 금속들을 혼합하여 만든 것

항력 : 마찰의 한 종류로, 물체가 유체 안에서 움직이는 방향의 반대 방향으로 작용하는 힘

힘 : 밀거나 당기거나

더 읽을거리

Roma Agrawal, *Built: The Hidden Stories Behind Our Structures*, Bloomsbury, 2018

J.E. Gordon, *Structures: Or Why Things Don't Fall Down*, DaCapo Press, 2003

Adam Hart-Davis, *Engineers: From the Great Pyramids to Spacecraft*, Dorling Kindersley, 2017

J.L. Heilbron (ed.), *Oxford Companion to the History of Modern Science*, OUP, 2003

J.G. Landels, *Engineering in the Ancient World*, Constable, 2000

Joel Levy, *50 Weapons that Changed the Course of History*, Firefly, 2012

David Macaulay, *The Way Things Work*, Dorling Kindersley, 1990

Donald A. Norman, *The Design of Everyday Things*, MIT Press, 2013

Henry Petroski, *The Evolution of Useful Things*, Vintage, 1997

Adam Piore, *The Body Builders: Inside the Science of the Engineered Human*, Ecco Press, 2017

Sal Restivo (ed.), *Science, Technology, and Society: An Encyclopedia*, OUP, 2005

L.T.C. Rolt, *Victorian Engineering: A Fascinating Story of Invention and Achievement*, Penguin, 2000

Robert Temple, *The Genius of China: 3,000 Years of Science, Discovery, and Invention*, Inner Traditions, 2007

Simon Winchester, *Exactly: How Precision Engineers Created the Modern World*, William Collins, 2019

웹사이트

American Society of Mechanical Engineers: asme.org

Edison Tech Center: edisontechcenter.org

Grace's Guide to British Industrial History: gracesguide.co.uk

Institute of Civil Engineers, ICE 200: www.ice.org.uk/what-is-civil-engineering/what-do-civil-engineers-do

Transistorized! The Story of Microelectronics: www.pbs.org/transistor/index.html

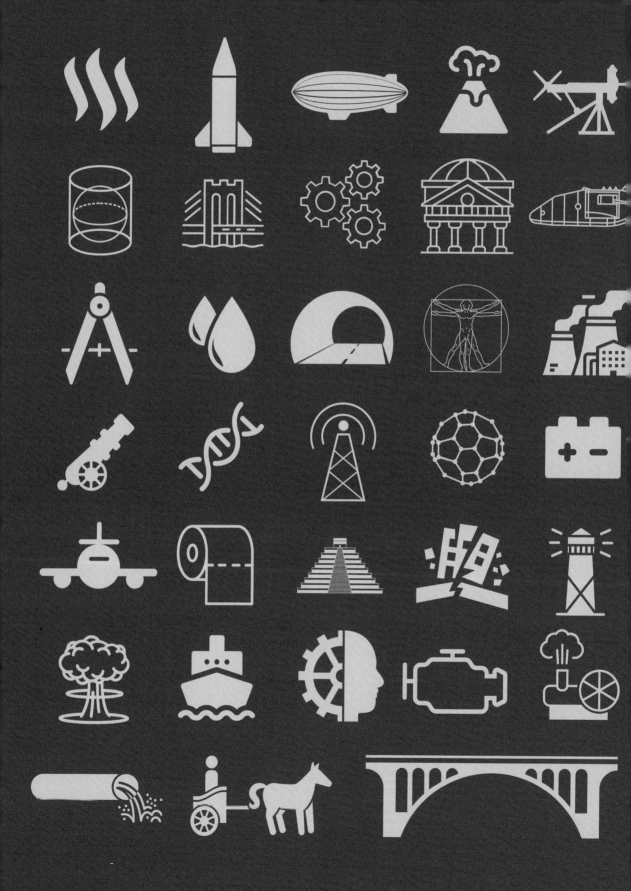

♥ INSTANT ENGINEERING ♥

1페이지 공학

1판 1쇄 발행 2021년 4월 8일
1판 2쇄 발행 2021년 10월 20일

저   자 | Joel Levy
발 행 인 | 김길수
발 행 처 | ㈜영진닷컴
주   소 | (우)08507 서울특별시 금천구 가산디지털1로 128
         STX-V 타워 4층 401호
등   록 | 2007. 4. 27. 제16-4189

ISBN | 978-89-314-6349-1

YoungJin.com Y.
영진닷컴